Nei Santa Barbara • Sandro Beda Bueno

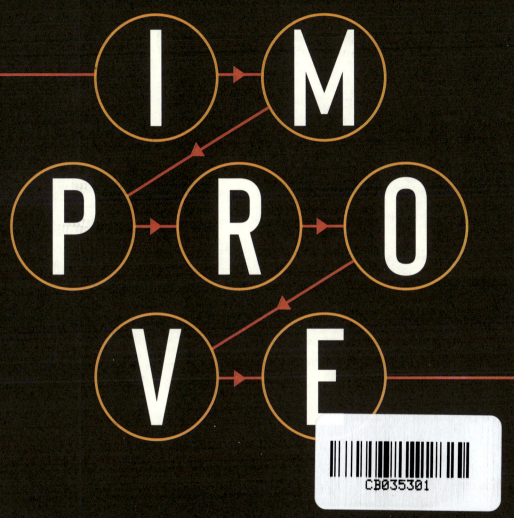

I.M.P.R.O.V.E.

O método prático que vai mudar para sempre sua forma de **gerenciar pessoas e processos**

Copyright© 2024 by Literare Books International
Todos os direitos desta edição são reservados à Literare Books International.

Presidente do conselho:
Mauricio Sita

Presidente:
Alessandra Ksenhuck

Vice-presidentes:
Claudia Pires e Julyana Rosa

Diretora de projetos:
Gleide Santos

Consultora de projetos:
Daiane Almeida

Capa:
Rubens Lima

Projeto gráfico e diagramação:
Gabriel Uchima

Revisão:
Mitiyo Santiago Murayama

Leitura crítica:
Fernanda Moreno Cardoso e Pedro Simão

Impressão:
Gráfica Vox

Dados Internacionais de Catalogação na Publicação (CIP)
(eDOC BRASIL, Belo Horizonte/MG)

B229i
Barbara, Nei Santa.
Improve / Nei Santa Barbara, Sandro Beda Bueno. – São Paulo, SP: Literare Books International, 2024.
192 p. : 16 x 23 cm

Inclui bibliografia
ISBN 978-65-5922-818-8

1. Transformação. 2. Valor. 3. Sucesso nos negócios. I. Bueno, Sandro Beda. II. Título.

CDD 658.4

Elaborado por Maurício Amormino Júnior – CRB6/2422

Literare Books International.
Alameda dos Guatás, 102 – Saúde– São Paulo, SP.
CEP 04053-040
Fone: +55 (0**11) 2659-0968
site: www.literarebooks.com.br
e-mail: literare@literarebooks.com.br

Nei Santa Barbara • Sandro Beda Bueno

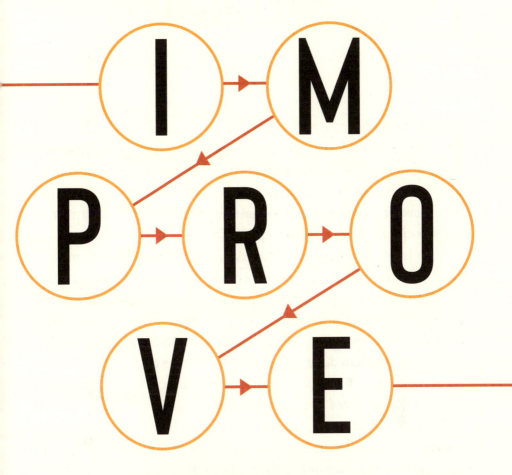

I.M.P.R.O.V.E.

O método prático que vai mudar para sempre sua forma de **gerenciar pessoas e processos**

Apoio:
LEANDEALERS

Patrocínio:
Tracbel

PREFÁCIO

Em meados de 2018, tive o prazer de conhecer a Lean Dealers, consultoria cujas ideias e abordagens ao aprimoramento de processos se alinhavam perfeitamente com o que eu acreditava ser o caminho para o sucesso empresarial sustentável. A partir desse encontro, iniciamos um relacionamento profissional e embarcamos em uma jornada de transformação que reverberaria por todo o Grupo Tracbel.

Este livro, intitulado "I.M.P.R.O.V.E.", é um testamento e um guia dessa transformação. Ele encapsula os princípios, estratégias e, acima de tudo, a filosofia que guiou o trabalho que realizamos juntos. Inicialmente, durante a implementação do método em uma de nossas unidades inicialmente, guiada pelo Nei Santa Barbara, vimos resultados que foram além de nossas expectativas mais otimistas. A eficiência aumentou, os processos foram simplificados, e mais importante, nossos colaboradores se sentiram mais engajados e capacitados em suas funções, o que permitiu um melhor atendimento e satisfação do cliente. O sucesso dessas intervenções iniciais nos motivou a expandir essa metodologia para outras filiais, semeando a cultura de melhoria contínua por toda a organização.

O impacto desse trabalho não foi apenas quantitativo, refletido nos resultados financeiros, mas também qualitativo, na forma como nossas equipes interagem, colaboram e perseguem o propósito da companhia, que envolve levar prosperidade aos nossos clientes por meio das soluções que oferecemos.

O método I.M.P.R.O.V.E. nos mostrou que a verdadeira melhoria vem de entender as necessidades únicas de cada cliente e as particularidades de cada unidade de negócio para adaptar soluções que respeitem a dinâmica desses relacionamentos.

Este livro, além da compilação de um método de trabalho; é uma narrativa sobre transformação, liderança e a busca incessante por excelência. É uma fonte inestimável para qualquer organização que aspire prosperar em um ambiente de negócios complexo e desafiador.

A jornada I.M.P.R.O.V.E. é um convite à reflexão e à ação. Nestas páginas, você será guiado por um caminho que muitas vezes desafia as convenções, mas sempre com o objetivo de descobrir o potencial latente dentro de cada organização. Este livro é uma bússola para aqueles que estão prontos para embarcar em uma viagem de transformação, primeiro nos seus processos de negócios, para então chegar à excelência como base de suas culturas organizacionais.

À medida que o Grupo Tracbel continua a colher os frutos deste trabalho, fortalecendo nossa parceria com a Lean Dealers e sua equipe, é com grande satisfação que recomendo "A Jornada I.M.P.R.O.V.E." a todos que buscam entender o valor da melhoria contínua e aplicá-la de forma eficaz em sua própria jornada empresarial.

Luiz Gustavo Rocha,
Chairman do Grupo Tracbel

DEDICATÓRIA

Para Pedro Simão,

Nosso *sensei*, guia e incansável provocador de reflexões ao longo de mais de uma década. Com gratidão, dedicamos este livro a você, cuja sabedoria nunca aliviou o peso dos desafios, mas nos ensinou a extrair deles valiosas lições. Sua inabalável parceria nos tornou melhores como profissionais, ensinando-nos a verdadeira essência do aprendizado contínuo e da superação.

Que estas páginas reflitam o impacto duradouro de seu ensino em nossas vidas e carreiras.

Com profundo respeito e admiração,

Nei e Sandro

AGRADECIMENTOS

NEI SANTA BARBARA:

À Marianka, minha esposa, que mudou minha forma de ver a vida; à Marina, minha dose diária de alegria, a minha mãe, que não pôde estar, mas sempre esteve; a meu pai, que, sem saber o que fazer, fez o que pôde.

Ao Horácio, que ofereceu muito sem esperar nada em troca.

SANDRO BEDA BUENO:

À minha esposa Gi, que, ao meu lado, me torna mais completo, a minha mãe, que é o alicerce de nossa família, ao meu pai, que sempre será minha inspiração, e a todos os professores que tive e tenho até hoje.

DOS AUTORES:

Nossa mais sincera gratidão a todos os nossos clientes, mentorados, alunos e ao público de nossas palestras. Cada interação que tivemos contribuiu para enriquecer nosso conhecimento e nossa experiência. Este livro é um reflexo das muitas jornadas compartilhadas, das lições aprendidas e das vitórias celebradas juntos. Agradecemos profundamente por nos permitirem fazer parte de sua jornada de desenvolvimento e sucesso.

NOTA DOS AUTORES

NEI SANTA BARBARA:

Vou contar um episódio de atendimento e serviço ocorrido comigo em 2020 que ilustra o porquê deste livro e demonstra porque o método que ele apresenta é necessário para a maioria das organizações. A história começou com uma necessidade simples: o carro da família precisava de uma revisão, obrigatória para manter a garantia. Em uma manhã qualquer, entrei em contato com o número de WhatsApp disponibilizado no site da concessionária onde compramos o veículo para agendar a revisão. Enviei uma mensagem detalhando o serviço necessário e o modelo do carro. A resposta foi imediata, mas automática, prometendo um contato futuro que nunca veio. Começa aqui o teste de paciência. Após uma segunda tentativa de contato ignorada no WhatsApp, recorri ao método tradicional: o bom e velho telefone. A ironia? Fui informado que o agendamento deveria ser feito exclusivamente pelo WhatsApp. Diante de minha insistência, coletaram meu número com a promessa de retorno. Um retorno que, como você pode imaginar, não aconteceu. Duas semanas se passaram. Preocupado com a perda de garantia, dirigi-me à concessionária numa segunda-feira logo cedo para enfrentar a realidade: uma fila para ser atendido. Confesso que meu humor não era dos melhores nessa altura. A recepcionista me informou que os serviços precisavam ser agendados com antecedência, obrigando-me a contar toda a história para justificar a falta de agendamento. Informei todos os meus dados, incluindo o endereço e os serviços necessários. Depois de uma espera que se estendeu por uma hora para ser atendido pelo consultor e a repetição das mesmas informações, incluindo o endereço, deixei o carro lá o dia inteiro para uma revisão que demanda não mais que uma hora de serviço do mecânico.

Esse episódio, mais do que um aborrecimento temporário para um cliente qualquer, é um alerta para você, leitor. Será que você conhece, de fato, a experiência dos clientes de sua empresa? Será que seus processos fluem como deveriam e entregam o valor ao cliente de acordo com o esperado?

Como consultores, Sandro Beda Bueno e eu vivenciamos essas falhas frequentemente em diferentes empresas e segmentos: hotéis, oficinas, lojas, companhias aéreas, etc. Esperas, desencontros, retrabalhos e muitos, muitos desperdícios. Isso tudo resulta em uma péssima experiência para os clientes e impacta diretamente nos resultados das empresas. Embora ajudemos diretamente muitas organizações a superar esses desafios, sabemos que há um oceano de pessoas e equipes que poderiam se beneficiar do que temos a oferecer. Daí surgiu a ideia de compartilhar o método com mais pessoas, incluindo você, que está segurando este livro agora.

A Jornada I.M.P.R.O.V.E. aborda essas lacunas ao propor uma abordagem integrada que começa com a investigação aprofundada dos problemas reais enfrentados pelos clientes e funcionários, seguida pela redefinição de processos que são verdadeiramente alinhados com o propósito da empresa. Por meio de otimizações baseadas em *feedback* contínuo e real, o método assegura que os processos vão além de um passo a passo num papel ou um arquivo esquecido em alguma pasta no seu computador. Processos só existem se vividos e sustentados ao longo do tempo. A implementação eficaz, baseada em aprendizado contínuo, supera a rigidez dos modelos tradicionais, transformando o que hoje são problemas vivenciados pelos clientes e funcionários em alavancas de crescimento.

Agora é sua vez de agir. Considere este livro como um convite para iniciar sua jornada de transformação. A Jornada I.M.P.R.O.V.E. é uma ferramenta poderosa para repensar os modelos de gestão de modo a elevar a experiência do cliente e alcançar resultados excepcionais. Reflita sobre as técnicas apresentadas, comece a aplicar os princípios e as etapas delineadas e observe a transformação nos seus processos e na cultura de sua empresa. Este é o momento de evoluir, de fazer a diferença. Estamos aqui para guiar você nessa jornada.

SANDRO BEDA BUENO:

Há alguns anos, após um dia intenso de consultoria, Nei e eu nos envolvemos em uma discussão profunda sobre nossas intervenções e os desafios enfrentados no nosso trabalho de consultoria. Esse debate nos fez questionar a persistência de práticas empresariais que pouco contribuem para o valor percebido pelos clientes, que instigam a competição interna ao invés de fomentar a colaboração, e que negligenciam os problemas reais que bloqueiam o avanço das empresas. Foi nesse contexto que começamos a esboçar a Jornada I.M.P.R.O.V.E.

Nossa abordagem como consultores sempre se diferenciou pelo foco nas peculiaridades do setor de serviços, onde o cliente é um elemento ativo dos processos. Esse entendimento nos levou a desenvolver um método inspirado nos princípios do *Lean Thinking*, adaptado às realidades específicas de nossos clientes, em vez de apenas aplicar soluções genéricas.

Nossa meta nunca foi apenas "consertar" empresas com pacotes prontos de soluções, mas sim aprimorar seus processos, reconhecendo e ampliando seus pontos fortes e os alinhando ao propósito empresarial. Entendemos que, embora as empresas já possuam os fundamentos para o sucesso, um potencial considerável ainda está oculto devido a processos ineficientes e a uma falta de conexão com seus propósitos.

Percebemos que a verdadeira melhoria vem de entender e trabalhar com a cultura e os processos existentes, ao invés de tentar corrigir sem considerar a identidade da empresa. Com base nesse princípio, desenvolvemos um método que provou ser eficaz em várias organizações, levando a resultados notáveis.

Este livro apresenta a Jornada I.M.P.R.O.V.E., fruto de nossa experiência e aperfeiçoado pela colaboração constante. Mais do que oferecer uma solução única, ele convida a repensar os processos de negócios para criar valor sustentável. Encorajamos a aplicação prática dessas ideias por meio da seção "Prática I.M.P.R.O.V.E.", incentivando você a experimentar e implementar as estratégias discutidas.

Nas páginas a seguir, você encontrará um método comprovado que revolucionou centenas de empresas, ajudando-as a compreender e melhorar seus processos de maneira significativa. Esta leitura é um chamado à ação. Prepare-se para embarcar na Jornada I.M.P.R.O.V.E., um caminho que transformará os processos da sua empresa e promoverá uma cultura de melhoria contínua, levando a resultados excepcionais.

SUMÁRIO

PROPÓSITO, PESSOAS E PROCESSOS 17
Propósito 18
Pessoas 19
Processos 21
O custo do desalinhamento 22
A tríade interconectada 23
Desafios 25

DESVENDANDO PROCESSOS 29
O que é um processo? 30
Implementação e sustentação de processos 33
Processos são hábitos corporativos 34
O nascimento dos processos 35
A metamorfose dos processos 36
A dualidade da evolução orgânica dos processos 38
A lacuna entre o ideal e o real 39
O equilíbrio necessário 40
A Jornada I.M.P.R.O.V.E. 43

I INVESTIGAR 47
A investigação 48
A importância dos fatos e dados 49
Veja com seus próprios olhos 50

Gemba: o local real 51
Gembutsu: o objeto real 52
Genjitsu: os fatos 53
Genri: os princípios..54
Gensoku: as regras ou padrões 55
Caminhada pelo Gemba 56
Coleta de dados..58
Prática I.M.P.R.O.V.E.:
Investigar: o que está acontecendo?....................................60

Ⓜ MAPEAR 63
Tipos, técnicas e ferramentas 65
Cadeias: serviços e produtos...68
Análise de processos na cadeia 69
Teoria das restrições (TOC) 71
Tipos de restrições 72
Métricas 74
O ciclo de foco 75
Prática I.M.P.R.O.V.E.:
Mapear: como acontece?...78
Modelando o futuro 80
Comunicação e colaboração 82
Valor e desperdícios na cadeia futura..................................90
Automação de processos 92
Desenhando o futuro..98
Prática I.M.P.R.O.V.E.:
Mapear: como deveria ser?..100

Ⓟ PLANEJAR 103
A engenharia do planejamento 104
Definindo contramedidas...106

Alocação de recursos 107
Gestão de projetos 107
Prática I.M.P.R.O.V.E.:
Planejar 110

(R) REALIZAR 113
Copiar e colar 114
Mudanças radicais ou pequenas? 117
Implementação 118
Etapas-chave da fase realizar 120
Gerenciamento de riscos 121
Identificação e gerenciamento 126
Algumas reflexões 128
Prática I.M.P.R.O.V.E.:
Realizar: minha ideia funciona? 130

(O) OTIMIZAR 133
Monitoramento e controle: A "miopia gerencial" 134
A falácia dos KPIs financeiros 135
Propósito, remuneração e KPIs 136
Os KPIs operacionais 137
Para que serve medir performance? 138
Processos levam a resultados 139
Service lead time 140
Otimizando em larga escala 148
Prática I.M.P.R.O.V.E.:
Otimizando a cadeia de valor 150

(V) VISUALIZAR 153
Gestão visual 156

Definição e propósito 157
A linguagem silenciosa 158
Visualização dos problemas 159
Sustentando os processos 161
Ferramentas 161
A sala I.M.P.R.O.V.E. 163
Monitoramento e controle 166
Prática I.M.P.R.O.V.E.:
Visualizar: o ambiente que fala 167

(E) EVOLUIR 171

A visão dos processos 173
O gestor por processos 174
Processos ágeis e adaptativos 174
O gerenciamento diário 175
Ferramentas e técnicas 176
A prática 177
Desafios comuns 178
O poder dos problemas 179
Estratégias e ferramentas para o levantamento
efetivo de problemas 179
Resolução prática de problemas:
além dos vieses cognitivos 180
Cultura e mentalidade 181
Prática I.M.P.R.O.V.E.:
Evoluir: a melhoria contínua viva 183

EM SÍNTESE 186
A cultura I.M.P.R.O.V.E. 187

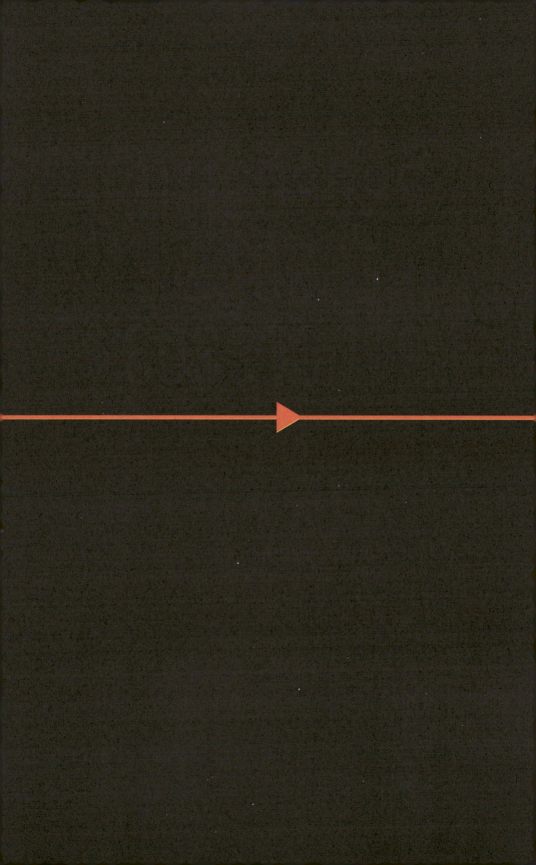

PROPÓSITO, PESSOAS E PROCESSOS

"O compromisso íntimo dos seguidores não pode ser extraído por meio de prêmios e punições. Ele pode ser inspirado apenas pela crença de que, dando o que têm de melhor, a empresa vai melhorar suas vidas."

Fred Kofman

Muitas organizações enfrentam o desafio de alinhar as pessoas, os propósitos e os processos. O desalinhamento é uma crise que corrói a estrutura da empresa de dentro para fora. Quando o propósito da empresa não está claro ou não é compartilhado por todos, a estratégia se torna nebulosa, a motivação diminui e a cultura organizacional sofre. As pessoas podem se tornar indiferentes e isso leva a uma queda na produtividade, aumento da rotatividade e, com frequência, a um ambiente de trabalho tóxico. Mesmo com uma equipe talentosa e as intenções mais nobres, quando os processos são ineficientes ou complicados, estrangulam a eficácia de uma organização. Isso resulta em desvio da motivação do time, desperdício de recursos, insatisfação do cliente e falha em atingir os objetivos estratégicos da empresa.

PROPÓSITO

Em nossas sessões de consultoria, frequentemente perguntamos a diferentes pessoas de vários níveis hierárquicos qual o propósito da empresa em que trabalham. Muitas vezes, a resposta está bem longe do que pensam os principais acionistas. Entre as principais respostas, estão "lucro", "ganhar dinheiro". Excelência e qualidade também são frequentemente citadas.

O propósito, porém, é a razão pela qual a empresa existe além do simples lucro ou da qualidade dos seus produtos. Ele é o que dá significado ao trabalho de todos na organização, desde o CEO até o estagiário.

Mas o propósito não deve ser apenas uma declaração bonita que fica pendurada na parede ou aparece no site da empresa. Ele precisa ser a força viva que embasa todas as decisões, estratégias e ações da empresa, em todos os níveis. Quando bem definido e comunicado, o propósito pode ser o diferencial que separa as empresas de sucesso das que falham.

Simon Sinek, pensador organizacional e autor de obra sobre o tema, popularizou o conceito de propósito. Segundo ele, as empresas que entendem e comunicam seu "porquê" têm uma vantagem competitiva significativa sobre aquelas que não o fazem.

O propósito é sobre o motivo pelo qual você faz algo. É o "porquê" que inspira as pessoas, não o "como" ou o "o quê". Quando os membros da equipe entendem o propósito da empresa, eles são mais engajados, mais comprometidos e mais alinhados com a visão da organização.

A partir de um propósito bem definido, ficam claros os objetivos de longo prazo, servindo, também, como um filtro para avaliar oportunidades e riscos. O propósito é, pois, totalmente ligado à estratégia e à cultura da empresa. Uma estratégia alinhada ao propósito é mais provável de ser sustentável e bem-sucedida a longo prazo. Quando o propósito é claro e compartilhado, ele se torna a base sobre a qual a cultura organizacional é construída e uma cultura alinhada ao propósito promove comportamentos e decisões que refletem os valores e objetivos da empresa.

> "A cultura — não importa o quanto bem definida — é particularmente persistente: uma estratégia não alinhada à cultura provavelmente falhará."*
> Peter Drucker

A cultura presente nas companhias é frequentemente descrita como "nosso jeito de fazer". Quando o propósito é claro e compartilhado, ele se torna a base sobre a qual a cultura organizacional é construída. Uma cultura alinhada ao propósito promove comportamentos e decisões que refletem os valores e objetivos da empresa.

O propósito deve ser o alicerce sobre o qual a estratégia e a cultura são construídas. Ele é o elo que une a organização, fornecendo um senso de direção e significado. Sem um propósito claro e bem comunicado, as empresas correm o risco de se tornarem navios à deriva, suscetíveis a mudanças de mercado e desafios internos.

PESSOAS

Em qualquer organização, as pessoas são ativos estratégicos. Trazem habilidades, conhecimentos, experiências e perspectivas únicas que podem ser a diferença para o sucesso da organização. São elas que

---

* Tradução livre dos autores.

executam a estratégia, vivem a cultura e cumprem (ou não) o propósito da empresa. Portanto, é essencial que as organizações invistam em seu desenvolvimento, bem-estar e engajamento.

A diversidade da força de trabalho traz uma multiplicidade de modo de interagir uns com os outros e todos com o meio, influenciados por culturas, experiências de vida, modelo familiar e mais uma infinidade de variáveis. O comportamento de cada um é fortemente afetado por essa diversidade, refletindo-se em como essas pessoas aprendem, se comunicam, colaboram e respondem a desafios e mudanças.

A liderança, consciente dessa diversidade, precisa promover a inclusão, encorajar a comunicação aberta e criar oportunidades de mentorias cruzadas, em que cada pessoa pode aprender com a outra, compartilhando conhecimentos, habilidades e perspectivas. Isso também fortalece o senso de pertencimento e respeito mútuo entre as equipes.

O engajamento dos funcionários é um bom indicador do alinhamento entre as pessoas, o propósito da empresa e a estratégia de ambos. Funcionários motivados são mais engajados, mais produtivos, mais inovadores e mais propensos a permanecer na empresa. A motivação é um fator-chave: ela é alimentada por um sentido de realização e de propósito.

Com toda a certeza, a cultura da empresa desempenha um papel importante no engajamento e na motivação. Uma empresa que valoriza a abertura, a colaboração e o respeito mútuo é mais propensa a ter funcionários engajados. Isso cria um círculo virtuoso: uma cultura saudável leva a funcionários mais engajados, que, por sua vez, contribuem para uma cultura ainda mais saudável.

O líder é o catalisador que pode acelerar ou retardar todos os outros aspectos do engajamento e da cultura. Líderes eficazes são aqueles que entendem a estratégia e o propósito da empresa ao mesmo tempo que sabem como comunicá-los de forma eficaz. Eles são hábeis em desenvolver suas equipes, fornecendo *feedback* construtivo e oportunidades para crescimento.

O desenvolvimento da equipe melhora as habilidades técnicas e fomenta uma cultura de aprendizado contínuo e adaptabilidade. As equipes que podem se adaptar e aprender rapidamente são um ativo estratégico valioso.

As pessoas são o coração de qualquer organização. Elas são o elo que conecta o propósito à estratégia e à cultura.

PROCESSOS

Processos são os métodos e procedimentos utilizados para realizar atividades e alcançar objetivos. São o mecanismo operacional que permite que os funcionários cumpram o propósito da empresa.

Processos bem definidos e eficientes são fundamentais para qualquer organização porque:

- Servem como um roteiro para as operações da empresa, definem etapas e responsabilidades e geram métricas para manter seu padrão de qualidade em produtos ou serviços;
- Melhoram a eficiência e reduzem o desperdício, otimizando o uso de recursos, como tempo, dinheiro ou mão de obra;
- Permitem a escalabilidade. Conforme a empresa cresce, os processos devem ser capazes de melhorar e se adaptar a volumes maiores de trabalho;
- Facilitam a medição e a melhoria contínua. Um bom processo não é somente um fluxograma ou um roteiro para a execução de tarefas. Ele passa a existir, de fato, somente quando as pessoas (ou dispositivos) realizam as atividades que o compõem com fluidez.

Um processo eficaz é embasado em métricas específicas usadas para medir seu desempenho. Essas métricas são conhecidas como KPIs (sigla de *Key Performance Indicator*), ou Indicadores-Chave de Desempenho. KPIs bem definidos ajudam a avaliar o desempenho e fornecer dados para análise e ajustes de melhoria. Por exemplo, se um dos KPIs em um centro de atendimento ao cliente é o "tempo médio de atendimento" e esse tempo começa a aumentar, isso serve como um sinal imediato de que o processo precisa de atenção.

Processos bem desenhados, executados e monitorados são fundamentais para o sucesso de qualquer organização. Eles garantem que a empresa opere de forma consistente e eficiente, permitindo a escalabilidade e facilitando a medição e a melhoria contínua.

O CUSTO DO DESALINHAMENTO

Quando propósito, pessoas e processos estão desalinhados, a organização perde oportunidades de crescimento e corre o risco de entrar em um ciclo de declínio.

Clientes rapidamente percebem quando algo está errado. O desalinhamento se reflete na entrega final: atrasos, erros e uma experiência geralmente insatisfatória. Se os funcionários não estão engajados, o atendimento ao cliente sofre. E se o propósito da empresa não é claro, os clientes podem se sentir desconectados e buscar organizações que estejam mais preocupadas com a entrega de valor.

O desalinhamento também tem um impacto direto na equipe. Sem um propósito claro, o trabalho pode se tornar uma série de tarefas sem sentido, levando ao desengajamento. Se os processos são confusos ou ineficientes, os funcionários se sentem frustrados e desmotivados, o que pode levar a uma alta rotatividade. Além disso, a falta de uma cultura organizacional forte e alinhada pode resultar em conflitos internos, baixa moral e disputas de poder.

Para o resultado, o desalinhamento pode ser devastador. Processos ineficientes aumentam os custos e reduzem a margem de lucro. Funcionários desengajados são menos produtivos e afetam negativamente a qualidade do produto ou serviço. E a falta de um propósito claro pode resultar em uma estratégia empresarial mal definida, fazendo com que a empresa perca sua direção e competitividade no mercado.

O desalinhamento entre propósito, pessoas e processos é uma crise existencial que pode questionar a própria viabilidade da organização. Qualquer empresa, independentemente do tamanho ou setor, precisa investir no alinhamento desses elementos.

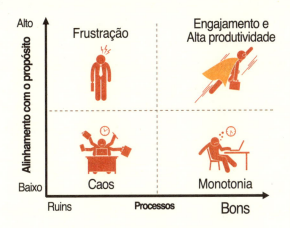

Matriz Pessoas, propósitos e processos.

Os sinais de desalinhamento podem ser sutis, como um aumento na rotatividade de funcionários, ou mais óbvios, como uma queda nas vendas ou na satisfação do cliente. Em qualquer caso, esses são sintomas de um problema maior que requer atenção imediata. Correr o risco de permitir que a dissonância se transforme em problema insolúvel pode exterminar o futuro da empresa.

A TRÍADE INTERCONECTADA

A tríade de propósito, pessoas e processos parece uma coleção de elementos isolados, mas não é: é um sistema único, que se alimenta mutuamente para criar uma organização bem-sucedida.

Um propósito claro e bem articulado serve como um farol para atrair e reter

> "É importante garantir que cada pessoa entenda o que pode fazer e como pode maximizar o valor para o cliente e reduzir o desperdício interno."
> **Leandro Bacellar Mello**

talentos alinhados com a visão da empresa. Ele motiva e engaja as pessoas, fornecendo um senso de significado e direção em seu trabalho.

Pessoas engajadas e motivadas são mais propensas a seguir processos eficazes e contribuir para sua melhoria contínua. Elas se tornam agentes de mudança, impulsionando a eficiência e a inovação.

Processos bem definidos e alinhados ao propósito permitem que uma organização entregue consistentemente valor para seus clientes. Eles fornecem o mecanismo por meio do qual a visão se torna realidade, transformando esse valor em resultados.

A clareza do propósito refletido nas práticas também ajuda a atrair e reter pessoas (clientes e funcionários). Essas pessoas se tornam defensores da marca e propagam sua mensagem para outras pessoas, aumentando o alcance e a reputação da organização no mercado.

É importante ressaltar que o alinhamento entre propósito, pessoas e processos não é algo que acontece da noite para o dia: requer esforço contínuo por parte da liderança e dos funcionários para manter e fortalecer essa conexão. Mas os benefícios a longo prazo para todos os envolvidos valem o investimento.

Escrever claramente o propósito ajuda as pessoas a entender a razão e a importância de seu trabalho, gerando engajamento e pertencimento. Um propósito bem definido responde à pergunta: "Qual problema do cliente vamos ajudar a resolver?"; ou "Qual a nossa importância para o cliente?". Vamos a algumas dicas para ajudar a definir o propósito de sua empresa:

1. **Autoavaliação:** antes de tudo, é preciso fazer uma autoavaliação honesta. O que faz a empresa ser única? Qual problema ela resolve ou que necessidade atende?

2. **Engajamento dos stakeholders:** é importante conversar com funcionários, clientes e outros *stakeholders* para entender o que eles valorizam em sua empresa;

3. **Síntese:** a seguir, se reúne essas informações para destilá-las em uma declaração de propósito clara e concisa;

4. **Teste:** antes de finalizar, é útil testar a declaração com vários públicos para garantir que ela seja compreendida e ressoe da forma desejada.

Para que o propósito realmente faça a diferença, ele precisa ir além de palavras escritas em um papel. Comece com a integração em todos os aspectos do negócio, desde o treinamento de novos funcionários até a definição de metas e estratégias. É muito importante manter o propósito sempre presente na mente de todos, utilizando todos os meios de comunicação à disposição, como reuniões de equipe, *newsletters* e até mesmo redes sociais. Os líderes devem ser os primeiros a ilustrar o propósito, servindo como faróis para o restante da equipe.

Alinhar estratégias e iniciativas com o propósito garante que a empresa o viva em suas ações diárias. Os comportamentos e ações que exemplificam o propósito reforçam sua importância e cultivam uma cultura na qual a responsabilidade e a realização são valorizadas.

Viver o propósito requer dedicação, atenção constante e, acima de tudo, autenticidade. Quando bem-feito, o impacto ultrapassa lucros e dividendos: cria um legado, uma marca com os acionistas, colaboradores, fornecedores e, certamente, com a sociedade.

DESAFIOS

A jornada para alinhar propósito, pessoas e processos é repleta de desafios que podem parecer obstáculos intransponíveis à primeira vista. No entanto, é preciso enxergar esses desafios como oportunidades para o crescimento e o aprimoramento. A prática da Jornada I.M.P.R.O.V.E. vai favorecer esse alinhamento.

O primeiro desafio, bastante comum, ocorre quando a liderança está completamente segura quanto ao propósito da empresa, mas a operação parece estar navegando em outra direção. Isso é frequente até mesmo em diferentes níveis de gerência. O propósito vai se perdendo frente à necessidade de resultado a curto prazo. A solução, nesse caso, passa por uma aproximação dos líderes com os times operacionais, e isso pode ser feito a partir dos problemas vividos na linha de frente. Essa aproximação vai comunicar claramente o propósito nos diferentes níveis.

A título de ilustração, destacamos uma experiência vivenciada em uma concessionária de veículos de luxo que recebemos em consultoria. Durante uma visita à operação — o *Gemba Walk*, que vamos discutir mais adiante —, o proprietário observou um consultor finalizando os preparativos de um veículo reparado para sua entrega ao cliente. Ao perguntar sobre os detalhes do serviço prestado, descobriu que, apesar de um orçamento inicial para um concerto complexo que incluía pintura, o time havia adotado uma abordagem mais ágil e menos custosa que eliminou a necessidade da pintura, aplicando um método menos invasivo e com ótima qualidade. Orgulhosamente, o consultor revelou que havia mantido a cobrança pela pintura não realizada, visando aumentar a margem de lucro. Diante dessa revelação, o proprietário agiu com serenidade, orientando o consultor a ajustar o orçamento e cobrar somente pelo serviço efetivamente executado. Esse episódio permitiu ao acionista identificar um claro descompasso entre o propósito da empresa e as ações de sua equipe, evidenciando a urgência em abordar essa questão.

A resistência à mudança é outro desafio comum e talvez um dos mais difíceis de superar. Não é fácil, mas é possível, nós garantimos! O investimento em treinamento e desenvolvimento contínuos pode ser um catalisador poderoso para a mudança, especialmente quando alinhado ao propósito da empresa.

E então temos o desafio das métricas. Em um mundo ideal, cada ação e processo seria facilmente mensurável e diretamente alinhado ao propósito da empresa. Mas a realidade é geralmente mais complicada. A ausência de KPIs claros pode tornar difícil para uma organização avaliar seu próprio sucesso. Para resolver isso, basta estabelecer métricas claras e monitorá-las de perto, fazendo ajustes para manter o alinhamento com o propósito. Por exemplo: se o propósito da empresa é "garantir a disponibilidade do equipamento do cliente", então é importante medir o tempo que o equipamento fica indisponível, qual é o *service lead time*, tempo de entrega de peças e outros indicadores relacionados ao propósito.

Por fim, mas definitivamente não menos importante, está a liderança. Uma liderança engajada e alinhada com o propósito pode ser a diferença entre uma equipe descompromissada e uma equipe que supera consistentemente as expectativas. Os líderes devem ser os primeiros a "agir conforme falam", demonstrando os comportamentos e as atitudes que esperam de suas equipes.

Além disso, a liderança deve estar disposta a ouvir e receber *feedbacks*. Isso permite que a equipe se sinta valorizada e ouvida, aumentando a motivação e o comprometimento com o propósito da organização.

Nestas páginas, vamos entender como a Jornada I.M.P.R.O.V.E. alimenta e valoriza a tríade pessoas, propósitos e processos para cultivar um ecossistema empresarial no qual a excelência é a norma. Vamos criar uma organização onde cada indivíduo, além de ser impulsionado pela busca de metas e objetivos financeiros como é comum, se sente parte do negócio e motivado pelo propósito da empresa.

Antes de falar da jornada propriamente dita, vamos nos aprofundar um pouco mais nos processos, que vão ser o veículo de nossa jornada.

DESVENDANDO PROCESSOS

"A gestão eficaz implica ater-se a todas as fases do ciclo de vida do processo de negócio."

José Osvaldo de Sordi

Vamos entender os processos no contexto das empresas. No dia a dia das companhias, a busca por resultados rápidos é uma constante. Líderes e seus times são frequentemente medidos e avaliados por métricas de desempenho de curto prazo. Essa abordagem reativa, focada em resultados imediatos e geralmente com foco somente no financeiro, esconde uma verdade que deveria ser óbvia: resultados bons são consequência de processos bem implementados e gerenciados. Líderes que ignoram os processos organizacionais podem até alcançar lucros em curto prazo, mas a que custo?

Em nossa jornada de consultores de processos empresariais em busca da excelência operacional e do desenvolvimento sustentável de equipes e organizações, constatamos que a verdadeira transformação começa com a compreensão e aplicação de princípios que alinham o propósito da companhia, os processos que visam entregar esse propósito e as pessoas que executam esses processos. Aprendemos que a busca constante desse alinhamento cria um ambiente em que a melhoria contínua não é um objetivo, mas, sim, uma cultura vivida diariamente. Foi com esse espírito e muitas horas de experiência em campo que organizamos a Jornada I.M.P.R.O.V.E., uma abordagem estruturada que traz em seu núcleo a essência do pensamento *Lean**, da gestão por processos e liderança de pessoas, oferecendo um caminho claro e prático para a implementação, sustentação e melhoria contínua dos processos em qualquer organização.

O QUE É UM PROCESSO?

Em sua essência, um processo é uma série repetível de atividades que transformam entradas, ou matéria-prima, em saídas, ou seja, no produto acabado ou na entrega de um serviço ao cliente. Pense em uma

---

* Lean Thinking: abordagem sistemática derivada do Sistema Toyota de Produção, focada na maximização do valor para o cliente e redução dos recursos utilizados, identificando e eliminando desperdícios por meio da melhoria contínua dos processos.

cozinha: cada ingrediente (entrada) passa por uma série de etapas (atividades), cuidadosamente planejadas — corte, cozimento, montagem — executadas por cozinheiros, resultando em um prato (saída) que será servido ao cliente. Esse fluxo não é aleatório; é um processo pensado com uma ordem lógica de execução de tarefas.

- **Entradas:** recursos que alimentam o processo. Podem corresponder a materiais, tempo, equipamento ou dados. Sem as entradas adequadas, o processo não pode começar ou continuar;
- **Operações:** são as tarefas ou atividades individuais que transformam entradas em saídas. Cada atividade é uma parte importante do processo e deve ser cuidadosamente gerenciada e otimizada;
- **Saídas:** correspondem a produtos, serviços ou informações produzidas pelo processo. São o motivo pelo qual o processo existe, o valor que o processo cria;
- **Feedback e indicadores:** o *feedback* é a informação que avalia o desempenho do processo. Ele pode vir de várias fontes, incluindo clientes, funcionários e análises de desempenho medido pelos KPIS.

TIPOS DE PROCESSOS:

Os processos podem ser categorizados em operacionais, gerenciais e de suporte, cada um com um papel distinto, mas interdependente, no alcance dos objetivos organizacionais.

- **Processos operacionais:** atividades centrais que resultam no produto ou serviço entregue ao cliente. São a razão pela qual o negócio existe e são frequentemente o principal ponto de contato com o cliente. Devem ser eficientes, de alta qualidade e consistentes, já que afetam diretamente a satisfação do cliente.

  Na construção de uma casa, por exemplo, os processos operacionais correspondem à execução da obra: preparação do terreno, fundação, construção das estruturas, instalação elétrica e hidráulica, enfim, todas as atividades até o acabamento. Cada uma dessas etapas é fundamental para que a casa seja entregue ao cliente;

- **Processos gerenciais:** referem-se às atividades administrativas que planejam, monitoram e controlam os recursos. Eles garantem que a estratégia seja executada corretamente e que os processos operacionais estejam alinhados com os objetivos.

  Na nossa construção, os processos gerenciais correspondem ao planejamento do projeto, incluindo o *design* arquitetônico, a seleção de materiais, a definição de cronogramas, a contratação de mão de obra e a gestão de orçamento. Essas atividades asseguram que os recursos estejam disponíveis quando necessários;

- **Processos de suporte:** atividades que, embora não estejam diretamente ligadas à entrega do produto ou serviço final, são essenciais para sustentar os processos operacionais. Fornecem a infraestrutura e o suporte necessários para que as operações diárias possam acontecer de forma suave e eficiente.

No nosso exemplo da construção, incluem logística de materiais, manutenção de equipamentos, serviços de recursos humanos, contabilidade e suporte de TI. Embora o cliente final não veja essas atividades, sem elas, a construção poderia ser interrompida ou mesmo paralisada.

IMPLEMENTAÇÃO E SUSTENTAÇÃO DE PROCESSOS

Flexibilidade e controle. Esses conceitos podem parecer opostos à primeira vista. No entanto, são, de fato, os dois lados da mesma moeda no que diz respeito a processos eficazes. Flexibilidade sem controle leva ao caos, ao passo que controle sem flexibilidade resulta em engessamento.

> *"Toda empresa é uma reunião de atividades que são executadas para projetar, produzir, comercializar, entregar e sustentar seu produto. Todas essas atividades podem ser representadas fazendo uso de uma cadeia de valor."*
> **Michael Porter**

Apesar disso, nas nossas interações com as equipes de clientes, encontramos frequentemente dois tipos de comportamento relacionados à execução de processos:

- Exigência inflexível de cumprimento de passos do processo, não importa a que custo;
- Flexibilidade total sobre como executar a tarefa, importando somente o resultado.

Nos dois casos, os processos não evoluem porque, no primeiro caso, não há espaço para experimentação e, no segundo, não há um ponto de partida para melhora, já que o processo padrão simplesmente não existe.

O sucesso de uma empresa depende da sua habilidade em se navegar entre esses dois extremos, estabelecendo processos que permitem a inovação e a criatividade, mas que também fornecem estrutura e direção suficientes para garantir a consistência e a qualidade.

PROCESSOS SÃO HÁBITOS CORPORATIVOS

O nascimento de um processo pode ser comparado ao surgimento de um hábito em nossa vida pessoal. Ambos começam frequentemente como respostas a um estímulo ou a uma necessidade específica. Assim como um hábito pode se originar da necessidade de resolver um problema pessoal, como a adoção de uma rotina de exercícios para melhorar a saúde, um processo nasce frequentemente para abordar uma questão a ser enfrentada.

A semelhança não termina aí: assim como os hábitos passam por um período de formação, em que a repetição e a consistência são fundamentais, os processos também necessitam de tempo e repetição para serem efetivamente incorporados na cultura organizacional.

Além disso, tanto os hábitos quanto os processos são mais eficazes quando apoiados por um sistema ou uma estrutura. No caso de um hábito, esse apoio corresponderia a um aplicativo de rastreamento ou a um amigo que compartilha o mesmo objetivo. Para um processo, pode corresponder a ferramentas de gestão de projetos, métricas de desempenho ou mesmo pela liderança da organização, como proposto pelo nosso método.

> "Se nossos comportamentos programados são tão influentes em guiar nossas ações cotidianas, certamente aproveitar o mesmo poder dos hábitos pode ser benéfico [...] hábitos podem ser muito bons para a lucratividade."
> Nir Eyal

Assim como os hábitos individuais são formados e solidificados por meio de repetições conscientes e inconscientes, os processos nas organizações também nascem e evoluem de maneiras similares. Eles podem surgir de uma necessidade clara, uma busca por eficiência ou até mesmo como uma resposta a regulamentações externas. Mas, em sua essência, os processos são como hábitos corporativos que ajudam a estruturar e guiar as ações de uma organização.

Seguindo esta lógica, podemos dizer que na vida pessoal e nas empresas somos escravos de nossos hábitos. Nosso desafio então é criar bons hábitos e trabalhar para o nosso sucesso.

O NASCIMENTO DOS PROCESSOS

O surgimento de processos é um fenômeno orgânico, às vezes invisível, que estrutura o funcionamento das empresas. Em nossa experiência, percebemos duas formas principais de nascimento: uma, a partir da criação intencional de um padrão e, outra, naturalmente, resultado das intuições e hábitos da equipe.

Assim, os processos podem surgir:

- **Para atender a uma necessidade clara:** a partir da percepção de um problema, um processo é criado para garantir conformidade;

- **Para buscar eficiência:** ao perceber oportunidades de crescimento ou *gaps* no resultado, as empresas criam processos em busca de melhorar a performance;

- **Para o cumprimento de regulamentos:** os processos são projetados para garantir conformidade com regras e regulamentos;

- **De nascimento espontâneo:** esse fenômeno predomina, especialmente, em empresas que não têm processos claramente estabelecidos ou que não monitoram os processos existentes. Assim como um jardim cresce e muda com o tempo, os processos em uma organização também podem nascer e evoluir organicamente.

A METAMORFOSE DOS PROCESSOS

Os processos sofrem transformações por inúmeras razões. A seguir, exemplificamos algumas com situações reais:

- **Resposta a situações inesperadas:** num hospital durante a pandemia, os enfermeiros, sobrecarregados, começam a usar um aplicativo de mensagens para comunicar rapidamente a disponibilidade de leitos de UTI. Embora não seja um procedimento-padrão, a solução passa a ser utilizada por todos, sem considerar possíveis riscos ou outros impactos;

- **Influência de novos membros da equipe:** em uma empresa de software, um novo desenvolvedor introduziu uma ferramenta de automação que ele usava em seu antigo emprego para agilizar o processo de testes. A equipe, enxergando benefícios, incorporou a ferramenta em seu fluxo de trabalho diário, mesmo que isso não estivesse no manual da empresa, sem levar em consideração que pular etapas poderia trazer consequências à qualidade e segurança;

- **Feedback de clientes:** em um restaurante, a recepcionista percebeu que alguns clientes reclamam da necessidade de reserva, apesar de esse procedimento ter sido estabelecido para evitar filas. Devido às reclamações, ela passou a dizer aos clientes que ligam para reservar que não era necessário fazer reserva, colocando todos os clientes numa fila por ordem de chegada. Agora são os clientes que preferem agendar que estão insatisfeitos;

- **Boas intenções:** um funcionário do setor de contabilidade da empresa percebeu que seu colega contador estava sobrecarregado e resolveu assumir parte de suas tarefas. O contador, então, passou a apenas assinar os documentos que seu colega preencheu, mesmo sem a formação necessária, incorrendo em riscos;

- **Pressões externas:** um restaurante popular em São Paulo anunciou que faria as entregas em um determinado tempo ou não cobraria pela comida. O entregador, porém, é que arcaria com o custo caso atrasasse a entrega. Resultado: os entregadores apontavam a saída do restaurante somente quando estavam perto do local de entrega, para escapar da punição;

- **Executante não vê valor:** uma montadora de veículos pediu aos distribuidores que preenchessem *checklists* para garantir a execução dos processos. Os mecânicos, porém, julgaram que o *checklist* não seria necessário e não registraram cada passo do processo. Somente ao final de tudo preenchiam o documento, sem lê-lo;

- **Intuição e inovação da linha de frente:** em uma loja de varejo, os funcionários perceberam que o sistema do caixa sempre trava durante horários de pico. Para contornar isso, eles começaram a usar calculadoras manuais e papel para agilizar o processo, enquanto um deles reinicia o sistema, ignorando possíveis consequências dessa contramedida.

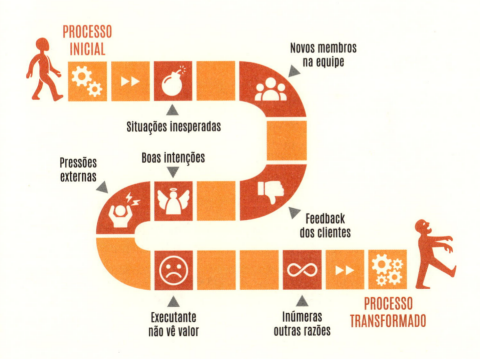

A DUALIDADE DA EVOLUÇÃO ORGÂNICA DOS PROCESSOS

A evolução orgânica dos processos joga tanto a favor quanto contra as organizações e seus resultados:

- **A favor:** a capacidade de se adaptar rapidamente a novas circunstâncias, tecnologias ou demandas do mercado pode ser o diferencial que coloca uma empresa à frente de seus concorrentes. Isso é especialmente verdadeiro em setores altamente voláteis, nos quais a inovação e a agilidade são necessárias. A adaptabilidade permite que as empresas respondam de forma eficaz a desafios inesperados, aproveitem novas oportunidades e até mesmo antecipem mudanças antes que elas ocorram. Isso é crucial para a sobrevivência e o crescimento em um mercado competitivo. Além disso, processos que evoluem organicamente podem ser mais facilmente aceitos pelos membros da equipe — na maioria das vezes, são eles que iniciam essas mudanças. Isso pode levar a um maior engajamento e satisfação no trabalho, já que os funcionários sentem que têm um papel ativo na melhoria contínua;

- **Contra:** deixar a evolução ao acaso pode ser perigoso. Sem monitoramento e ajustes conscientes, o que começa como uma inovação pode se transformar em um risco operacional. Por exemplo, se cada departamento de uma organização começa a adaptar seus processos independentemente, sem comunicação ou coordenação central, o resultado pode ser um emaranhado de processos conflitantes que dificultam a operação eficaz da empresa como um todo. Além disso, desvios de processos estabelecidos podem resultar em violações legais, com consequências financeiras ou risco para a segurança das pessoas.

Na Jornada I.M.P.R.O.V.E., está a ideia de que a adaptabilidade deve andar de mãos dadas com o controle. É essencial que as organizações gerenciem ativamente a evolução de seus processos. Isso significa monitorar sinais de mudanças, avaliar seu impacto e, se necessário, refinar ou reverter adaptações para garantir que elas estejam alinhadas com os objetivos estratégicos e operacionais da empresa.

A LACUNA ENTRE O IDEAL E O REAL

Entender a dualidade da evolução orgânica dos processos nos leva a outra questão muito importante: o *gap* entre o processo desenhado e o executado. A diferença de como é para como pensamos que é pode ser uma fonte de inovação, mas também um risco potencial.

Processos são frequentemente desenhados em um vácuo teórico na busca de um cenário ideal. Mas a realidade é mais complexa e desafiadora do que a imaginada. Numa empresa que visitamos, por exemplo, havia um protocolo de atendimento ao cliente que dizia que o telefone devia ser atendido no máximo ao terceiro toque. Para cumprir essa regra, os atendentes interrompiam frequentemente conversas com clientes presenciais, que ficavam visivelmente incomodados com a situação. A regra parecia perfeita no papel, mas falhou ao desconsiderar a diversidade das interações. Um processo que não funciona bem na prática não vai ser executado como esperado, assim, a improvisação se torna uma ferramenta corriqueira. Essas adaptações podem parecer inofensivas do ponto de vista de quem opera, mas podem criar confusão e inconsistências com o tempo.

Por outro lado, em algumas situações, a adesão estrita ao processo também pode ser problemática. Se os funcionários seguem o processo à risca, mesmo quando confrontados com situações atípicas, ele pode resultar em ineficiências, gargalos ou insatisfação do cliente. Nós, durante uma viagem para atender um cliente no Centro-Oeste brasileiro, chegamos a um hotel às 5 horas da manhã. Ao chegar, presenciamos um problema: a reserva de outro cliente, que chegou momentos antes de nós, não foi feita pela sua empresa. Como havia vagas disponíveis, ele sugeriu que fizesse nova reserva e pagasse com seu cartão e assim foi feito. Ao fazer o pagamento, o atendente informou que ele precisaria esperar para que "o sistema atualizasse" para "liberar o quarto". O cliente insistiu que lhe entregassem a chave do quarto, porque tinha apenas 1 hora para tirar um cochilo antes de começar seu dia de trabalho. Não funcionou, teve que esperar a tal atualização do sistema, e nós também, já que não fomos atendidos até que este atendimento terminasse. Provavelmente, você já passou por uma situação como cliente em que o funcionário se manteve preso a um processo que não fazia nenhum sentido naquele momento. Por isso, um bom processo, além de dizer às pessoas o que e como fazer, também precisa mostrar o que fazer quando algo sai fora do esperado.

O EQUILÍBRIO NECESSÁRIO

A discrepância entre o processo desenhado e o executado é o sintoma de uma questão mais profunda que requer atenção cuidadosa. Essa lacuna destaca a necessidade de encontrar um equilíbrio entre a estrutura organizacional e a necessária flexibilidade operacional. Mas como alcançar esse equilíbrio de forma que se resolva o problema sentido pela operação e ainda se fortaleça a organização como um todo?

Uma abordagem eficaz para alcançar esse equilíbrio é implementar um processo padrão oficial de levantamento e tratamento de problemas. A partir de cada problema levantado pelo time, um novo ciclo I.M.P.R.O.V.E. se inicia. O processo deve ser projetado para ser inclusivo, permitindo que todos, desde a alta gerência até os funcionários da linha de frente, contribuam com suas observações e soluções. A ideia é criar um mecanismo que identifique desvios e ineficiências enquanto aproveita o conhecimento coletivo da organização para encontrar soluções inovadoras e eficazes.

O respeito pelas pessoas, pilar fundamental do pensamento *Lean*, é a força motriz por trás desse sistema. Ele deve ser projetado de forma a valorizar e incorporar as contribuições de todos os membros da organização. Quando os funcionários sentem que suas opiniões são valorizadas, ficam mais propensos a participar ativamente na identificação e resolução de problemas, o que leva a melhores processos.

Além disso, qualquer processo ou subprocesso implementado deve ser avaliado também em relação a seu impacto sobre os objetivos estratégicos da organização. Isso garante que as soluções implementadas estejam alinhadas com o propósito da empresa, evitando a otimização localizada que pode, paradoxalmente, prejudicar o desempenho da companhia.

Como exemplo, compartilhamos uma experiência que ocorreu com um cliente de nossa consultoria: o departamento de crédito da empresa enfrentava um problema crescente de inadimplência em pagamentos via boleto bancário. A solução encontrada pelo departamento de cobrança foi radical: eliminar essa opção de pagamento aos clientes.

À primeira vista, essa decisão pareceu resolver o problema de inadimplência, especialmente se avaliarmos apenas o KPI de inadimplência. No entanto, o que não foi imediatamente considerado foi o impacto dessa ação nas vendas totais da empresa. O pagamento via boleto bancário era responsável por uma parcela significativa das transações da empresa (cerca de 60%). Ao eliminar essa opção, a empresa experimentou uma queda drástica nas vendas. A solução aplicada para um problema criou outro, potencialmente mais grave. A perda de receita resultante da eliminação de pagamento por meio de boleto bancário superou, em muito, o valor que a empresa estava perdendo devido à inadimplência. De forma figurativa, a cura foi pior do que a doença.

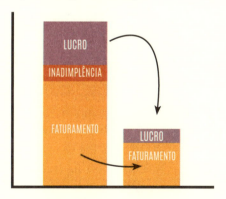

Representação gráfica do impacto no resultado da medida de controle de inadimplência.

Promover o equilíbrio entre a rigidez estrutural e a flexibilidade operacional é um desafio que as organizações modernas enfrentam constantemente. O abismo entre o processo como foi projetado e como realmente ocorre no dia a dia sinaliza a necessidade de uma abordagem mais dinâmica e adaptável, mas também ilustra a importância de entender profundamente o ambiente em que esses processos operam.

Alcançar esse equilíbrio essencial não é uma tarefa que se realiza com mudanças abruptas e descontextualizadas, mas, sim, por meio de um entendimento claro dos problemas e desafios reais enfrentados pelos colaboradores que vivenciam esses processos diariamente. É aqui que a Jornada I.M.P.R.O.V.E. assume um papel significativo. Essa jornada traz uma perspectiva que valoriza a contribuição de todos — da alta gerência aos funcionários na linha de frente — e cria um espaço onde o conhecimento coletivo e a experiência se transformam em soluções inovadoras e efetivas.

O exemplo do departamento de crédito é um lembrete de que soluções rápidas e impensadas podem resultar em consequências não intencionais. A solução não está em evitar a mudança, mas em abordá-la com uma mentalidade de melhoria contínua, onde cada ciclo do I.M.P.R.O.V.E. seja uma resposta deliberada e cuidadosamente considerada para os desafios emergentes.

E agora, ao nos aproximarmos do início da Jornada, preparamo-nos para embarcar em uma exploração detalhada deste método. Cada passo da jornada — Investigar, Mapear, Planejar, Realizar, Otimizar, Visualizar, Evoluir — é uma etapa estratégica projetada para garantir os processos com o vigor e a adaptabilidade necessários para prosperar em qualquer tipo de empresa.

Avançamos agora com o conhecimento de que cada ajuste, cada melhoria e cada inovação são passos para alinhar propósito, pessoas e processos em uma sinergia que promova o sucesso organizacional e uma cultura de engajamento e excelência.

A JORNADA I.M.P.R.O.V.E.

A Jornada I.M.P.R.O.V.E., originada a partir de inúmeras transformações observadas e facilitadas em nossa prática consultiva, é uma ferramenta de crescimento e aprimoramento. Este método surge como uma resposta ao que vivenciamos nos corredores das empresas, nas linhas de produção, nos escritórios onde a estratégia se encontra com a operação, e nos incontáveis encontros com equipes que lutam para alinhar suas ações diárias com os propósitos das organizações.

A cada passo, a cada desafio encontrado, aprendemos que a verdadeira evolução não acontece com saltos gigantescos nem mudanças drásticas copiadas de outras empresas, mas, sim, por meio de uma série de melhorias pequenas e consistentes, cada uma nascida da percepção dos problemas pelo próprio time que vive e respira os processos da empresa. A Jornada I.M.P.R.O.V.E. é um reflexo desse aprendizado, uma metodologia que, ao invés de impor um caminho pré-fabricado, constrói uma estrada única para cada organização com base nas suas peculiaridades e desafios.

Este método transformacional é fundamentado em um princípio dinâmico: ele considera o processo como a estrada que leva ao objetivo estratégico desejado. Qualquer desvio, qualquer variação da norma, não é visto como um mero obstáculo, mas, sim, como o combustível essencial para a melhoria. É o reconhecimento de que cada problema, cada falha percebida pelos colaboradores, é uma oportunidade de ouro para aprender, adaptar e avançar.

As pessoas, nessa jornada, são os motores da mudança. Elas trazem a energia, a paixão e a força para impulsionar a organização adiante. São elas que identificam os desvios, que sentem as dores do processo e que, armadas com as ferramentas certas e uma filosofia que valoriza suas perspectivas, podem fazer as intervenções necessárias para corrigir o curso e aprimorar continuamente a maneira como o trabalho é realizado.

Na Jornada I.M.P.R.O.V.E., encorajamos uma cultura de observação atenta, em que cada membro da equipe tem permissão e é incentivado a sinalizar desvios. Alimentados por um ciclo de *feedback* constante e uma gestão que apoia a resolução cooperativa de problemas, os colaboradores tornam-se cocriadores de um sistema que está sempre se refinando, sempre em busca da excelência.

A jornada é, portanto, muito mais do que um conjunto de passos a serem seguidos; é a promoção de uma cultura operacional que permeia todas as camadas da organização, fundindo cada atividade com um propósito maior e alinhando cada esforço com o objetivo comum de agregar valor contínuo e sustentável. Com a Jornada I.M.P.R.O.V.E., cada empresa se capacita a criar sua própria história de sucesso, moldada pelas experiências, desafios e conquistas únicas de seu coletivo humano. Vamos, agora, ao método:

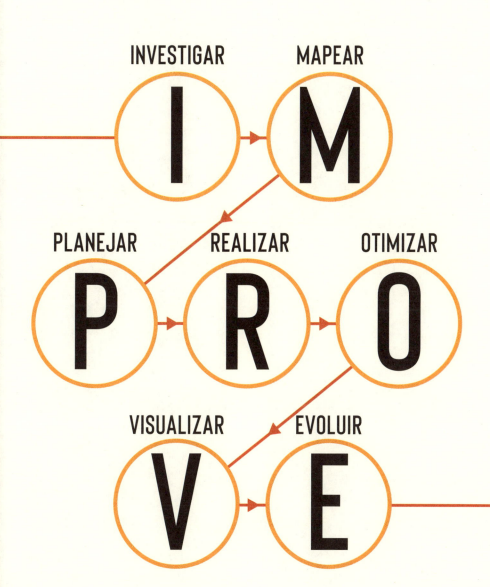

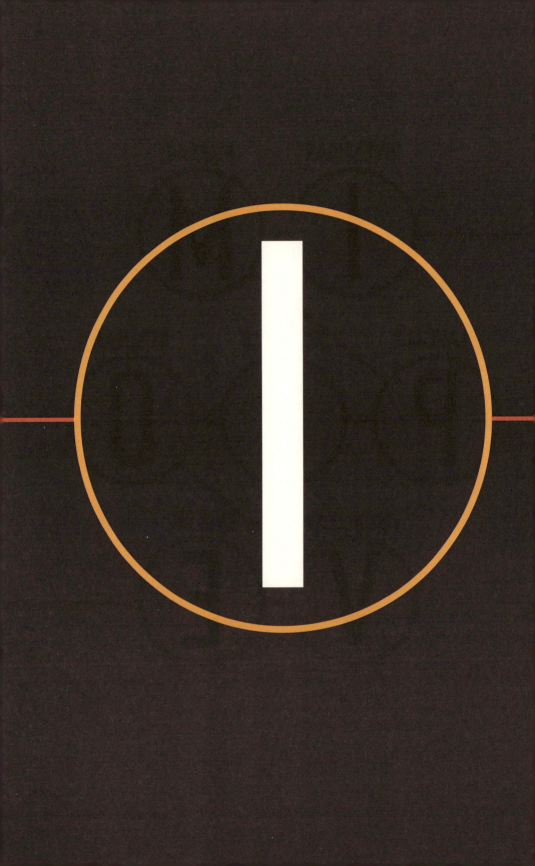

INVESTIGAR

"Se você não entender o que está funcionando e, mais importante, por que está funcionando, é provável que você escorregue para trás enquanto tenta fazer melhorias."*

Jamie Flinchbaugh

Para entender em que consiste a fase de Investigação, é preciso pensar em sua organização e refletir sobre as seguintes perguntas:

- Qual é o propósito* da empresa?
- O que é valor para o cliente?
- Como se dá a entrega de valor ao cliente?
- Quais partes do processo constituem desperdício?
- O processo é fluido ou há interrupções?
- O que pode ser melhor?

Certamente não será possível responder a todas essas perguntas sentado olhando para este livro ou para um monitor de computador. Se você conseguiu fazer isso, foi a partir de uma visão limitada do processo, o que pode ser perigoso para a tomada de decisões. Para responder a esses e tantos outros questionamentos com dados e fatos, é preciso passar pela fase Investigar da Jornada I.M.P.R.O.V.E.:

A INVESTIGAÇÃO

Os líderes e gestores são, frequentemente, levados a agir rapidamente em situações de incerteza ou sob pressão, muitas vezes sem uma avaliação aprofundada dos fatos ou consideração das consequências a longo prazo. Esse impulso pode ser motivado pela ansiedade de resolver problemas imediatos ou pela crença equivocada de que qualquer ação é melhor do que nenhuma.

As ações tomadas apressadamente tendem a ser baseadas em soluções genéricas que podem não ser adequadas para o problema específi-

---

* Lembre-se: o propósito não está relacionado a resultados da empresa, mas ao problema do cliente que sua empresa se propõe a resolver. Resultado é consequência.

co em questão, resultando em esforços desperdiçados e, em alguns casos, agravando o problema original.

Em outras palavras, ações rápidas sem reflexão adequada impedem a organização de aprender com os erros e entender as dinâmicas que levaram ao problema. Isso limita o crescimento e desenvolvimento organizacional no longo prazo.

> "...em situações indefinidas, somos levados pelo impulso de fazer alguma coisa, seja ela qual for —, não importa se essa ação vai ou não ajudar. Em seguida, sentimo-nos melhor, mesmo que nada tenha melhorado. Muitas vezes, ocorre o contrário. Em resumo, tendemos a agir rápido demais e com muita frequência."
> Rolf Dobelli

Decisões rápidas também podem estar desalinhadas com os objetivos estratégicos de longo prazo e com o propósito da organização. Isso vai levar a desvios de recursos e atenção de áreas que necessitariam, de fato, de investimentos.

A IMPORTÂNCIA DOS FATOS E DADOS

Antes de agir, os líderes precisam se dedicar à coleta e análise de dados relevantes para garantir que suas decisões sejam informadas e alinhadas com as necessidades reais da organização. Esse comportamento traz várias vantagens:

1. **Decisões bem informadas:** a análise de dados proporciona uma compreensão mais profunda dos problemas, permitindo a escolha de soluções mais personalizadas e mais eficazes;
2. **Mitigação de riscos:** a avaliação dos fatos e dados ajuda a identificar potenciais riscos e consequências não intencionais das ações, permitindo que sejam tomadas medidas preventivas;
3. **Promoção da inovação:** a investigação pode revelar soluções inovadoras e criativas que não seriam consideradas sob uma mentalidade de ação rápida;

4. **Alinhamento estratégico:** decisões baseadas em dados asseguram que as ações estejam alinhadas com os objetivos de longo prazo da organização, promovendo um desenvolvimento sustentável;

5. **Fortalecimento da cultura organizacional:** cultivar uma cultura de tratamento de problemas baseada em dados reforça uma cultura de aprendizado contínuo, responsabilidade e inovação.

Para melhorar, é preciso entender e, como vimos, o primeiro passo para entender é Investigar. Isso significa levantar informações a respeito do processo e dos problemas que existem ali, buscando entendimento de como se desenrola cada etapa, quais são as responsabilidades de cada membro do time na construção do processo, quais são as entradas, como são processadas e como o valor é entregue ao final. O começo de uma boa investigação se dá com uma visita ao processo, interagindo com as atividades e as pessoas que as executam, desde a primeira entrada até a última tarefa.

VEJA COM SEUS PRÓPRIOS OLHOS

O gerenciamento das empresas está, frequentemente, distante do local onde o trabalho real acontece. Muitos gestores, presos nas suas salas em frente a telas com *dashboards* de "inteligência de negócios", acabam por se isolar, com a ilusão de que os números em sua tela de computador contêm toda a história.

Para exemplificar esse fenômeno, um de nossos consultores nos contou de uma viagem que fez com um diretor de uma empresa com sede em São Paulo para uma filial do grupo no Nordeste do Brasil. Ele não visitava essa filial havia um ano. Ao chegar lá, pela manhã, cumprimentou a todos, tomou um café com o responsável local e foi para uma sala reservada, onde ficou por dois dias em frente ao seu computador. Viajou 3 mil quilômetros para fazer o mesmo que teria feito sem os custos da viagem, na matriz da companhia.

Esse é um exemplo da gestão "tradicional", em que se acredita que os dados quantitativos são suficientes para tomar decisões. Essa postura pode levar a implementar processos que não refletem as possibilidades operacionais e as expectativas dos clientes.

Para superar essa lacuna, a etapa de investigação nos orienta a ir além dos números e conhecer a realidade onde o trabalho realmente acontece. Este método é sustentado pelos 5 Gs, que serão explorados a seguir.

GEMBA: O LOCAL REAL

Gemba é uma palavra japonesa que significa "o local real" ou "o lugar onde o trabalho acontece". No contexto da gestão e, mais especificamente, da filosofia *Lean*, *Gemba* se refere ao local onde o valor é criado. Pode ser uma linha de montagem em uma fábrica, um departamento de vendas em um escritório, ou mesmo o local onde os serviços são prestados aos clientes.

> *"[...] com um claro entendimento do estado atual do processo, eles (os gestores*) devem melhorar seu desempenho para que todos melhorem — clientes, funcionários, fornecedores, investidores. Fazer isso requer um método [...]"*
> **Jim Womack**

A ideia de *Gemba* foi popularizada como parte da metodologia *Lean*, que tem suas raízes no Sistema Toyota de Produção. O conceito é simples, mas poderoso: para entender verdadeiramente um processo, um problema ou uma oportunidade, você deve ir até o local onde a ação realmente acontece.

Ir ao *Gemba* permite que os gestores vejam os processos e os problemas de perto. Isso fornece clareza única, e envia uma mensagem poderosa à equipe sobre a importância do trabalho que está sendo feito. Além disso, estar presente no "local real" permite uma melhor avaliação das condições

---

* Nota entre parênteses dos autores.

de trabalho, o que pode levar a melhorias que beneficiam tanto os funcionários quanto a organização como um todo.

Durante nossas frequentes visitas ao *Gemba*, é comum observarmos líderes que se deparam com revelações surpreendentes sobre seus próprios processos operacionais. Em uma dessas ocasiões, faz alguns anos, o coordenador de um departamento viu uma pilha de papéis acumulada ao lado da impressora. Ao levantar a questão, descobriram que uma falha no sistema fazia com que seis boletos para pagamento mais a nota fiscal fossem impressos indevidamente cada vez que se faturava um pacote de serviços específico pela matriz. O resultado desse erro sistemático foi alarmante: ao longo do último ano, a empresa emitira 800 notas fiscais (x 6 boletos), o que resultou em 5.600 impressões desnecessárias, já que esses boletos e notas eram enviados apenas por e-mail aos clientes.

O que é mais revelador aqui é que esse problema poderia ter continuado indefinidamente se não fosse pela visita ao *Gemba* pelo coordenador. Uma vez identificado, o problema se tornou uma oportunidade para corrigir uma falha do sistema, melhorar a eficiência e eliminar um desperdício.

GEMBUTSU: O OBJETO REAL

Gembutsu é um termo japonês que se traduz como "o objeto real" ou "a coisa real". No contexto da gestão e, mais especificamente, na filosofia *Lean*, *gembutsu* refere-se à prática de observar o objeto de trabalho em seu ambiente natural. Isso pode ser um produto em uma linha de montagem, um documento em um escritório ou até mesmo um serviço sendo prestado. A ideia é ir além das representações abstratas ou dados numéricos e examinar o objeto real para entender suas características, falhas e oportunidades de melhoria.

Muitas vezes, os gestores se concentram tanto nos números e métricas que perdem de vista o objeto que está sendo produzido ou o serviço que está sendo prestado. Isso pode levar a decisões mal-informadas e a mudanças no processo que, na realidade, não agregam valor ao produto ou serviço final.

Aplicar o conceito de *gembutsu* na gestão envolve várias etapas práticas, tais como:

- **Visita ao local de trabalho (ir ao *Gemba*):** o primeiro passo é ir ao local real onde o trabalho acontece. Isso permite que você observe o objeto real em sua condição normal;
- **Observação direta:** em vez de depender de informações de terceiros, geralmente enviesadas, observe diretamente o objeto ou processo em questão. Isso significa assistir a uma máquina em operação, examinar um produto defeituoso ou observar uma interação de serviço ao cliente;
- **Questionamento:** faça perguntas para entender por que as coisas são feitas de uma determinada maneira e como elas poderiam ser melhoradas. Isso se dá em conversas com a equipe, fornecedores e até mesmo clientes;
- **Análise e reflexão:** depois de coletar informações, reserve um tempo para analisar o que foi observado.

GENJITSU: OS FATOS

O *genjitsu* enfatiza a importância de coletar dados diretamente da fonte. Isso significa que os gestores e as equipes devem coletar informações em primeira mão: medição de tempos de ciclo, a observação de comportamentos, a contagem de defeitos ou qualquer outra métrica que seja relevante para o processo em questão.

Embora os termos "dados" e "fatos" sejam frequentemente usados de forma intercambiável, eles têm particularidades distintas no contexto de *genjitsu*. Dados são números brutos ou informações que podem ser coletadas, mas eles não fornecem contexto ou significado por si sós. Fatos, por outro lado, são dados interpretados e contextualizados que oferecem mais clareza sobre o que realmente está acontecendo em um processo ou sistema.

Por exemplo, a meta de produção de troca de óleo de um mecânico em uma oficina que visitamos era feita baseada na média histórica de capacidade de cada box: 8 carros por dia. O fato ignorado era que esse mecânico operava a apenas 60% de sua capacidade total devido a frequentes interrupções para buscar e levar documentos, procurar ferramentas, esperar peças, etc. Os dados forneciam uma métrica, mas os fatos forneceram o contexto que permitiu uma análise mais ampla.

Nesse exemplo, os dados brutos sobre o número de carros podem parecer positivos à primeira vista. No entanto, ao ir ao *Gemba* e aplicar o princípio de *genjitsu* coletando dados, foram reveladas diversas ineficiências.

Ao praticar o *genjitsu* use os dados coletados para entender o contexto mais amplo, como a comparação de diferentes estações de trabalho, departamentos ou mesmo locais geográficos. Compartilhe suas observações com a equipe, fornecedores e até clientes para obter suas perspectivas. Isso pode revelar detalhes que você pode ter perdido.

GENRI: OS PRINCÍPIOS

Genri refere-se à compreensão e aplicação dos princípios fundamentais que governam qualquer processo, sistema ou situação. Em outras palavras, é a estrutura teórica que sustenta a prática.

Muitas vezes, na gestão tradicional, as decisões são tomadas com base em números, dados e experiências passadas. Embora isso seja valioso, pode faltar uma compreensão mais profunda dos princípios que explicam por que algo é do jeito que é. *Genri* nos convida a ir além dos sintomas e olhar para as causas subjacentes.

Um de nossos clientes enfrentava um alto índice de rotatividade de funcionários. Os dados mostravam que a retenção de funcionários era baixa, especialmente nos primeiros seis meses de emprego. Esse era o "o quê". O *genri* nos convidou a entender o "porquê" por trás dessa estatística.

Ao aplicar o conceito de *genri*, investigamos os princípios por trás da satisfação e do engajamento dos funcionários, que incluiu teorias de psicologia organizacional, de motivação e de *design* de trabalho.

Descobrimos que os princípios de integração e socialização não estavam sendo efetivamente aplicados, levando a um sentimento de isolamento entre os novos funcionários. Os princípios de equidade e justiça não estavam bem alinhados, fazendo com que os funcionários se sentissem desvalorizados ou tratados injustamente, o que contribuía para a saída precoce.

Entender esses princípios permitiu que a empresa fosse além de soluções comuns, como bônus de retenção, que nesse caso não seriam eficazes. Em vez disso, a empresa implementou mudanças que atendiam a esses princípios, como melhorias no processo de integração, revisões de políticas de RH e uma reestruturação do ambiente de trabalho para promover maior colaboração e engajamento.

O conceito de *genri* é universal e pode ser aplicado em qualquer setor, desde a saúde até a educação e os serviços. Em cada um desses setores, existem princípios fundamentais que, quando compreendidos e aplicados, podem levar a melhorias significativas.

GENSOKU: AS REGRAS OU PADRÕES

Gensoku refere-se às regras ou padrões que orientam a maneira como as coisas são feitas em uma organização. Estas não são apenas diretrizes ou melhores práticas, mas princípios operacionais que são seguidos para garantir a eficácia e eficiência dos processos. De outra forma, *gensoku* é o conjunto de regras que estabelece o "como" para alcançar os objetivos desejados, ou seja, um manual operacional para a execução de tarefas e processos. Quando as regras e padrões são claramente definidos e seguidos, há menos espaço para erros, variações indesejadas e ineficiências. Isso é particularmente importante em organizações complexas, onde pequenas variações em um processo podem produzir efeitos em cascata, afetando em outros aspectos do negócio. Além disso, *gensoku* ajuda a criar um ambiente onde a melhoria contínua é possível, já que os padrões estabelecidos fornecem uma base sobre a qual inovações e otimizações podem ser construídas.

Gensoku não é limitado a um departamento ou função específica; ele deve ser implementado em toda a organização para maximizar seu impacto. Aqui estão algumas maneiras de fazer isso:

- **Recursos humanos:** padrões para processos de recrutamento, integração e desenvolvimento de funcionários;
- **Vendas e marketing:** regras para a qualificação de *leads*, processo de atendimento, gestão de relacionamento com o cliente e campanhas de marketing;
- **Operações:** padrões para execução de tarefas, controle de qualidade, gestão de inventário e logística;
- **Finanças:** regras para orçamentação, relatórios financeiros e conformidade fiscal;
- **Desenvolvimento de produto:** padrões para fases de *design*, desenvolvimento, teste e lançamento de novos produtos ou serviços;
- **Melhoria contínua:** padrões para levantamento e tratamento de problemas.

O *gensoku* requer um compromisso da liderança e participação ativa de todos os membros da organização. Isso envolve treinamento, revisões periódicas dos padrões e um sistema de *feedback* para ajustes contínuos.

CAMINHADA PELO GEMBA

O *Gemba Walk*, ou caminhada pelo *Gemba*, é uma prática de gestão que envolve literalmente caminhar até o "local real" onde o trabalho está sendo feito. Não é um passeio casual, mas uma oportunidade para os líderes observarem de perto os processos, interagirem com as pessoas e compreenderem as tarefas, os desafios e as oportunidades da operação. Para a caminhada, as únicas ferramentas essenciais são um caderno e um lápis. Troque seu crachá de gerente por óculos com lentes que detectam problemas e desperdícios e abra-se para compreender os processos e as pessoas envolvidas.

Ao caminhar pelo *Gemba*, é importante que o visitante não interfira no processo. Qualquer tentativa de correção, ajuste, ou ainda uma chamada de atenção por um erro do funcionário vai alterar a execução do processo, e detalhes de como ele se dá na realidade serão omitidos. As pessoas precisam confiar que podem executar o processo normalmente, ainda que possa haver problemas ali.

Aqui estão 10 passos básicos que servirão como seu guia para realizar um *Gemba Walk* bem-sucedido:

1. **Prepare a equipe:** informe os membros da equipe sobre o que é um *Gemba Walk* e o objetivo da observação, para que estejam à vontade;

2. **Planeje:** elabore um roteiro para guiar a observação, garantindo que o foco esteja alinhado com os objetivos da caminhada;

3. **Siga o fluxo:** caminhe ao longo do processo, desde a demanda até a entrega e conclusão, passando por todos os passos;

4. **Foque nos processos:** o objetivo é avaliar os processos, não o desempenho das pessoas. Mantenha o foco em entender e melhorar os processos;

5. **Questione:** utilize perguntas abertas como "quem, o quê, onde, quando e porquê" para entender os processos em observação;

6. **Caminhe em grupo:** realize o *Gemba Walk* com outras pessoas, principalmente se o processo passa por vários departamentos;

7. **Documente:** registre todas as observações, *insights* e possíveis áreas para melhoria e análise posterior;

8. **Evite intervenções:** a caminhada é uma etapa de observação e coleta de informações. Não faça sugestões ou correções durante a caminhada;

9. **Compartilhe:** após o *Gemba Walk*, compartilhe o que descobriu com a equipe e discuta os próximos passos;

10. **Volte ao Gemba:** faça novas caminhadas após passar por todas as etapas da Jornada IMPROVE melhorias, para levantar novas oportunidades de melhorar.

COLETA DE DADOS

A coleta de dados da Investigação se dá de diferentes maneiras:

- **Entrevistas e questionários:** técnicas qualitativas que ajudam a entender os detalhes do processo, os quais podem não ser imediatamente óbvios. Entender as etapas do processo de outros pontos de vista, especialmente os das pessoas que vivem o processo, vai ampliar o limite de conhecimento do líder e proporcionar a construção de um cenário mais amplo;

- **Observação direta:** ver com os próprios olhos como o processo se desenvolve a cada etapa acrescenta dados qualitativos que vão explicar os quantitativos. Ao observar, questiona-se e desafia-se. Aceitando o *status quo* tal como é, não haverá o que melhorar;

- **Análise de documentos:** manuais de procedimentos, fluxogramas existentes, registros de operações e outros documentos podem ajudar a esclarecer como os processos são atualmente entendidos e documentados na organização, e permite a comparação com os estândares da companhia;

- **Uma regra de ouro para líderes:** duvidar de afirmações sem evidências. "O que é, é diferente do que deveria ser". Crer cegamente na resposta dada pelas pessoas coloca o gestor numa posição de risco de tomar decisões sem ter conhecimento de informações importantes.

Aqui se revela a necessidade da fase de Investigação. Ela nos convida a sair de nossas zonas de conforto gerenciais e a vivenciar os locais onde o trabalho real acontece, onde as decisões têm impacto direto e onde o propósito da organização é vivido todos os dias. Ela nos pede para olhar, ouvir e, principalmente, entender.

Faça agora sua caminhada pelo *Gemba*.

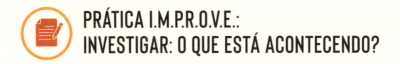

PRÁTICA I.M.P.R.O.V.E.:
INVESTIGAR: O QUE ESTÁ ACONTECENDO?

I: Investigar

Objetivo da fase: compreender a realidade dos processos atuais, identificando problemas, entendendo o trabalho das pessoas, o clima da organização e coletando dados que resultam da execução dos processos.

Pontos principais:
- Entendimento prévio do propósito da organização e de como os processos contribuem para ele;
- Identificação e documentação dos processos atuais e seus problemas;
- Coleta de dados diretos do local de trabalho (Gemba) para uma análise fundamentada.

Como fazer na prática:
- Deixe seu crachá de chefe na gaveta. Para investigar, coloque-se no mesmo nível das pessoas com quem interage. Seu objetivo agora é entender, não consertar;
- Realize Gemba Walks para observar as pessoas, os processos, os produtos e as instalações no local onde realmente tudo acontece;
- Conduza entrevistas e questionários com a equipe para coletar informações, sentimentos e percepções;
- Analise as documentações existentes e registre as discrepâncias entre o processo documentado e a execução real.

Ferramentas:
- Caderno e lápis;
- Padrão atual dos processos (se houver).

Dicas úteis:
- Mantenha a mente aberta e evite preconcepções durante as observações;
- Não interfira no andamento do processo. Isso pode esconder problemas;
- Informe o time sobre o objetivo da investigação e como vão se desenrolar as etapas I.M.P.R.O.V.E.;
- Priorize a comunicação clara e a escuta ativa ao interagir com a equipe;
- Documente detalhadamente suas descobertas para análise posterior;
- Registre também as perguntas que não foram respondidas.

Para completar a Investigação, reflita sobre as informações coletadas, como elas podem afetar o resultado da empresa, e discuta suas descobertas e reflexões com a equipe para uma visão mais abrangente.

Lembre-se: a prática leva à perfeição. Quanto mais você aplicar esses princípios, mais afinada será sua habilidade de identificar potenciais avanços e transformar problemas em melhorias. Use suas reflexões para iniciar o ciclo de evolução contínua em sua organização.

Após a Investigação, de posse de anotações, dados e impressões, vamos à próxima etapa da Jornada I.M.P.R.O.V.E.

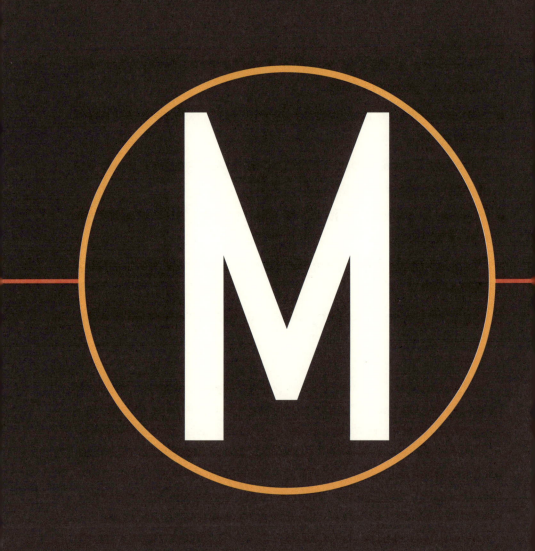

MAPEAR

"Embora seja importante – ou mesmo essencial – ser capaz de questionar nosso trabalho de forma sistemática e regular, também precisamos perceber que, muitas vezes, o que causa mais problemas não é o que ignoramos, mas o que erroneamente acreditamos ser verdade."

Johann Dumser

Todos nós temos uma visão limitada dos processos dos quais fazemos parte. Cada indivíduo enxerga apenas a parte do processo em que atua, ignorando os impactos das suas ações nas outras etapas e as causas dos eventos que ocorrem durante a execução. Frequentemente, culpamos as outras pessoas pelos problemas e nem sequer percebemos que nós e nossos times também causamos problemas e provocamos desperdícios, esperas e dificultamos os processos. Isso pode ser sentido no trânsito. Todos apontam os defeitos e falhas dos outros motoristas, enquanto também cometemos nossos próprios erros. Curiosamente, nos desagrada ser o foco das reclamações alheias.

A cadeia de valor, também conhecida como mapeamento do fluxo de valor (ou *Value Stream Map - VSM*), é uma ferramenta que ajuda a visualizar e entender como as atividades de uma organização se desenvolvem e se interligam. Tem esse nome porque rastreia como o valor para o cliente é criado durante o conjunto de atividades que formam o processo. Visualizar uma cadeia de valor mapeada é como se afastar para enxergar o processo inteiro, como uma imagem dinâmica que mostra o movimento de pessoas, documentos, máquinas e, principalmente, do produto ou serviço que produzimos.

A cadeia de valor pode representar o processo tal como é, o que chamamos de cadeia atual; e o processo como desejamos que seja, a cadeia futura. Na primeira fase do mapeamento, o foco é apenas na cadeia de valor atual, que fornece uma visão instantânea de como o processo é agora, ou seja, uma representação do estado presente de suas operações. A cadeia deve compreender o processo inteiro, desde a demanda do cliente até a entrega do produto ou serviço. Conhecer o processo tal como se desenvolve é o passo inicial para qualquer tipo de melhoria ou otimização. Na cadeia, você deve identificar as atividades vigentes, saber como ocorrem e entender como estão interconectadas, quais suas interdependências e restrições, onde o valor está sendo adicionado e onde o desperdício ocorre.

Não existe um "formato correto" quando se trata de cadeias de valor. Dependendo do tipo de empresa e até mesmo do modelo de negócios específico, o desenho pode assumir diferentes formas. Por exemplo, uma cadeia de valor para um serviço de consultoria será muito diferente de uma cadeia de valor para uma empresa de manufatura. Além disso, dentro de um mesmo segmento, diferentes empresas podem ter cadeias de valor que variam significativamente com base em suas culturas, estratégias e processos. Portanto, deve ser adaptado o conceito de cadeia de valor ao contexto específico de sua organização.

TIPOS, TÉCNICAS E FERRAMENTAS

- **Post-its®, quadros e flip-charts:** o uso desses elementos é o método mais básico e o ponto de partida para muitas equipes. Etiquetas autoadesivas de diferentes cores podem representar diferentes tipos de atividades ou departamentos, cada etiqueta representando um passo do processo. Elas oferecem flexibilidade para fazer alterações rapidamente. É uma forma muito simples, interativa e colaborativa de construir uma cadeia de valor e, por isso, é a nossa preferida;

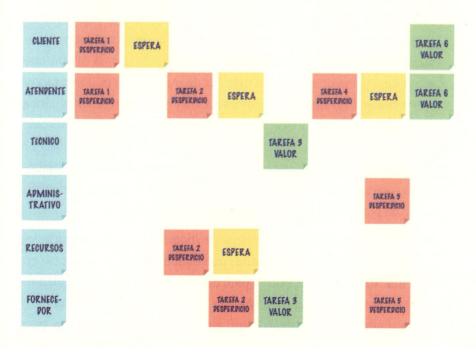

- **Símbolos-padrão:** utilizados para representar diferentes tipos de processos, fluxos e armazenamentos, esses símbolos são universalmente reconhecidos e podem tornar a cadeia de valor mais fácil de entender para pessoas familiarizadas com eles. Exemplo:

- **Notação de Modelagem de Processos de Negócios (BPMN):** é um método estabelecido e padronizado para ilustrar as sequências e operações que compõem os processos de negócios desde o início até a conclusão. Oferece uma linguagem clara para detalhar o processo, o que ajuda a eliminar incertezas nas descrições e facilita a comunicação. O mapeamento de processos se beneficia enormemente do uso da BPMN, que adota uma gama de símbolos e práticas de modelagem uniformizados. Isso torna os diagramas de processos acessíveis e compreensíveis para a maioria das pessoas, independentemente do seu grau de familiaridade técnica. Esse método é bastante conhecido e pode ser um catalisador para melhorar a comunicação entre os envolvidos, fomentar a colaboração e servir como uma ferramenta valiosa para otimização e identificação de pontos que necessitam de aperfeiçoamento;

- **Fluxogramas:** é uma ferramenta de diagramação usada para representar graficamente as etapas ou sequências de um processo ou sistema. Usa formas e linhas padronizadas para descrever visualmente como as tarefas, decisões ou atividades fluem de uma para outra. Cada forma dentro de um fluxograma representa um tipo específico de ação ou passo no processo. São amplamente utilizados por sua simplicidade e eficácia em mostrar processos lineares e decisões binárias, e são facilmente compreensíveis para a maioria das pessoas, independentemente de seu conhecimento técnico. Comparativamente, o BPMN é uma abordagem mais sofisticada de modelagem de processos. Enquanto os fluxogramas são ideais para processos simples e lineares, o BPMN é utilizado para lidar com complexidades de processos de negócios mais detalhados;

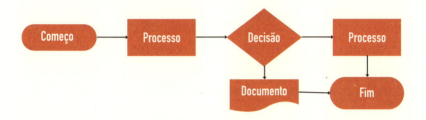

- **Software de mapeamento de processos:** existem várias ferramentas de software dedicadas ao mapeamento de processos e cadeias de valor, como Lucidchart, Visio e Bizagi. Essas ferramentas oferecem recursos avançados, como a capacidade de incorporar metadados, *hiperlinks* e até mesmo simulações;

- **Planilhas eletrônicas:** embora não sejam especializadas em mapeamento de processos, planilhas como o Microsoft Excel podem ser usadas para criar representações simples de cadeias de valor. Já criamos algumas cadeias com Excel, como a da foto a seguir;

- **Ferramentas colaborativas on-line:** plataformas como Miro, Mural ou Lean Dealers Board permitem o mapeamento colaborativo de cadeias de valor em um ambiente virtual, o que é especialmente útil para equipes distribuídas geograficamente.

A escolha da ferramenta pode fazer toda a diferença. Enquanto os quadros são suficientes para equipes locais, ferramentas digitais oferecem mais robustez para incluir operadores remotos. Independentemente do método escolhido, o treinamento da equipe é o começo. Todos devem estar na "mesma página" sobre símbolos, notações e métricas, lembrando que um mapa de valor é um documento vivo e deve ser atualizado e ajustado regularmente.

CADEIAS: SERVIÇOS E PRODUTOS

O desenvolvimento da cadeia pode variar significativamente se você estiver lidando com serviços ou produtos. Vamos analisar essa distinção e pensar em como maximizar a eficácia de seu mapeamento.

- **Cadeia de valor em serviços:** diferentemente do que ocorre na indústria, no mundo dos serviços, o cliente é um participante ativo do processo, inclusive com tarefas que ocorrem durante o processo, como a autorização de um orçamento ou fornecimento de dados para que um serviço siga adiante. Compreender suas necessidades e pontos de contato é essencial para criar uma boa cadeia de valor. Nesse caso, o fluxo de informações é muitas vezes tão crítico quanto o serviço em si. Em uma consulta médica, por exemplo, as atividades de marcar consulta, aprovação do plano de saúde, cadastro e triagem consomem mais tempo e recursos que a consulta em si. Ferramentas como diagramas de sequência e mapas de jornada do cliente podem ser úteis para capturar essa dinâmica. Além disso, é importante identificar atividades críticas e medir seu desempenho por meio de métricas, como tempo total do processo (*lead time*) e satisfação do cliente;

- **Cadeia de valor em produtos:** em contraste, a cadeia de valor de produtos é muitas vezes dominada pelo fluxo físico de materiais. É preciso considerar tudo, desde fornecedores até produção e distribuição. Cada etapa deve ser avaliada não apenas em termos de custo, mas também do valor que ela adiciona ao produto. É importante identificar restrições e gargalos e medir a qualidade por meio de indicadores, como defeitos por unidade ou retrabalho.

ANÁLISE DE PROCESSOS NA CADEIA

Uma vez que tenhamos uma representação visual dos processos da empresa, o próximo passo é a análise. Vamos identificar quais partes do processo criam valor onde estão os desperdícios.

"A verdadeira melhoria da eficiência é fazer o desperdício ir a zero e elevar a porcentagem do trabalho (que gera valor*) para 100%."
Taichii Ohno

O valor, lembremos, se refere ao que o cliente está disposto a pagar. Na dúvida se uma etapa cria ou não valor, duas perguntas podem ser feitas:

- *o cliente está disposto a pagar por essa etapa?*
- *essa atividade ou etapa transforma o bem do cliente?*

Se a resposta for não para uma dessas perguntas, provavelmente a atividade é apenas um desperdício.

Desperdício é qualquer atividade que consome recursos, mas não adiciona valor ao cliente. Parece simples, mas identificar desperdícios pode ser um desafio, especialmente quando estão enraizados na cultura ou nos processos da empresa.

Numa empresa que visitamos, por exemplo, ao desenhar a cadeia de valor atual, detalhamos um processo de "liberação" dos motoristas da frota da

---
* Tradução e comentário entre parênteses dos autores.

empresa que constatamos na fase de investigação. Consistia em preencher um formulário de saída, colher assinatura do chefe do setor e entregar na portaria. Ainda na investigação, perguntamos ao porteiro sobre os formulários:

- *se ele não liberou ninguém!*
- *e o que faz com eles?*
- *mando para o arquivo depois que encho esta caixa aqui — foi a resposta dele, apontando uma pequena caixa de papelão.*

Não encontramos nenhuma pessoa que conseguisse explicar a utilidade dos formulários, que a propósito, eram alvo de auditoria. Ninguém sabia também quando o processo começou a ser executado. A visão de alguém de fora da organização durante o desenho da cadeia de valor foi bastante útil nesse caso, já que, para os envolvidos no processo, essa etapa era normal e necessária. Nosso questionamento desafiou o status quo.

O mapeamento da cadeia permite olhar para cada etapa do processo e perguntar: "Isso realmente precisa ser feito?", "Isso poderia ser executado de forma mais eficiente?", "Isso realmente adiciona valor ao cliente?".

Uma vez identificados, os desperdícios devem ser classificados para possível eliminação. Taiichi Ohno detalhou os sete desperdícios[*], mais tarde complementados por um oitavo.[**]

[*] Tradução livre dos autores.
[**] Os desperdícios não estão organizados em ordem de importância ou frequência.

Cada um desses pode ser mais ou menos relevante dependendo de seu setor e modelo de negócios. Classificar os desperdícios ajuda a equipe a focar nas áreas que oferecem o maior retorno sobre o investimento em termos de melhoria. Pense no seu processo: reconhece esses desperdícios nele?

Outro ponto a ser analisado numa cadeia de valor é o fluxo. Significa perguntar se a cadeia de valor caminha sem interrupções. Isso é tão relevante (e tantas vezes ignorado) que resgatamos uma teoria clássica para iluminar o tema.

TEORIA DAS RESTRIÇÕES (TOC)

A falta de fluxo nos processos provocou o surgimento da *Theory of Constraints* (TOC) ou a Teoria das Restrições, uma metodologia de gestão formulada pelo físico israelense Eliyahu M. Goldratt. Inicialmente apresentada ao mundo em seu influente livro A meta, a TOC nos desafia a repensar a forma como abordamos a gestão e a melhoria de processos.

> *"As restrições são o motivador da inovação e da melhoria."**
> **Sharon Visser**

Ao contrário das abordagens tradicionais até então, a TOC adotou uma visão mais holística e sistêmica. Ela partiu do princípio de que todas as organizações, independentemente de seu tamanho, setor ou complexidade, são limitadas em sua performance por suas restrições. Em vez de dispersar esforços em várias frentes, a TOC propõe que nos concentremos em identificar, analisar e otimizar essa restrição, pontos-chave para desbloquear todo o potencial do sistema.

A TOC baseia-se em alguns conceitos que listamos a seguir. É importante observar a diferença entre "gargalo" e "restrição": embora esses termos sejam utilizados como sinônimos, apresentam diferenças:

- **Gargalo:** refere-se a um recurso em um processo com capacidade menor ou igual à demanda. Pode ser transitório e variar com base

* Tradução livre dos autores.

nas circunstâncias. Por exemplo, um aumento na demanda pode causar um gargalo temporário;

- **Restrição:** é um fator limitante e persistente que impede o sistema de atingir um melhor desempenho. Pode ser física, como um recurso que opera abaixo da capacidade necessária, ou não física, como uma política corporativa, como veremos mais adiante.

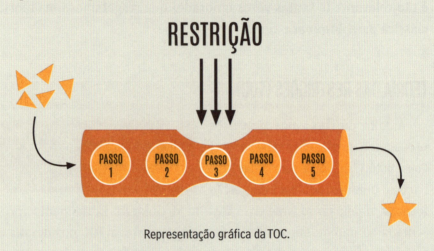

Representação gráfica da TOC.

Outros termos usados na TOC:
- **Fluxo:** representa a movimentação de materiais, informações ou serviços por um sistema;
- **Buffer:** é um pulmão (ou estoque intermediário) para a proteção contra a variabilidade no sistema, geralmente posicionada antes da restrição para garantir que ela sempre tenha trabalho a fazer;
- **Sistema:** é um conjunto de partes interconectadas que trabalham juntas para alcançar um objetivo comum.

TIPOS DE RESTRIÇÕES

Para compreender melhor a natureza das restrições e como abordá-las, vamos examinar cada tipo delas em detalhes.

- **Físicas:** como o nome sugere, elas têm uma presença tangível. Podem ser recursos que operam abaixo da capacidade, espaço de armazenamento limitado ou a indisponibilidade de matéria-prima.
  Visitamos uma concessionária que reclamava da quantidade de vagas reduzida. Havia, porém, 70 veículos estacionados esperando por serviço. O que parece uma necessidade de espaço denuncia, entretanto, uma restrição que impacta na capacidade de processar a demanda;

- **Restrições de política:** estão enraizadas nas regras, normas e comportamentos da organização. Por vezes, essas políticas podem ter sido criadas por boas razões, mas, ao longo do tempo, podem ter se tornado obsoletas ou contraproducentes. As restrições políticas podem impedir a inovação, desencorajar a eficiência e restringir a capacidade de resposta a mudanças;

- **Restrições de mercado:** ocorrem quando a demanda do mercado por um produto ou serviço é inferior à capacidade de produção da organização. Não é de uma limitação interna. Ter capacidade não utilizada pode levar a recursos ociosos, aumentando os custos e diminuindo os lucros. Exemplo: uma fábrica produziu mil unidades de um produto por mês, mas o mercado só compra 600 unidades — nesse caso, há uma restrição de mercado;

- **Restrições das pessoas:** referem-se à limitação das habilidades, conhecimentos ou capacidades dos membros de uma equipe ou organização. Pode resultar em erros, atrasos, riscos e ineficiências, afetando negativamente o desempenho.

Cada restrição requer uma abordagem diferente para otimização e, em muitos casos, uma combinação de estratégias para garantir que a organização possa operar em seu nível ótimo.

Uma das contribuições mais importantes da TOC é a mudança na maneira de pensar a produtividade. Em vez de tentar fazer cada parte de uma organização funcionar ao máximo, a TOC sugere que os gestores otimizem o desempenho em relação à restrição principal, o que frequentemente resulta em capacidade ociosa em outras partes do sistema, o que é contraintuitivo para muitos gestores. No entanto, é essa capacidade ociosa que permite que a organização seja ágil e se adapte às mudanças, garantindo que a restrição principal nunca seja sobrecarregada.

MÉTRICAS

Segundo a TOC, para avaliar se uma organização está seguindo em direção a seus objetivos, há três medidas principais:

- **Passagens** (*Throughput*): taxa com a qual o sistema gera dinheiro por meio das vendas ou da produção que efetivamente resulta em receitas. O *throughput* serve como um indicador direto da eficácia do sistema em converter recursos em receita;

- **Estoque** (*Inventory*): refere-se a todo o dinheiro que o sistema investiu na compra do que pretende vender. O estoque é um ativo, mas também é um dos desperdícios listados nas literaturas *Lean*. Gerenciá-los eficazmente ajuda a maximizar o *throughput* e minimizar os custos;

- **Despesa operacional** (*Operational Expense*): refere-se a todas as despesas que o sistema gasta para transformar o estoque em *throughput*. Inclui salários, custos de manutenção, utilidades e outros custos fixos e variáveis. A meta é minimizar as despesas operacionais sem comprometer a qualidade ou o *throughput*.

Esses KPIs podem ser percebidos nos princípios e práticas *Lean*. Por exemplo, a minimização do estoque e a otimização do *throughput* são consistentes com os princípios *Lean* de redução de desperdício, fluxo e maximização do valor para o cliente. Da mesma forma, a redução das despesas operacionais reflete o foco na eficiência e na melhoria contínua.

O CICLO DE FOCO

A TOC sugere adotar uma abordagem sistemática para identificar e superar as restrições causadoras dos gargalos no processo.

O primeiro passo é, naturalmente, identificar a restrição. Esse é o alicerce de toda a estratégia. Trata-se de observar de perto o processo e localizar onde ocorrem os acúmulos mais significativos, onde o fluxo é interrompido e a eficiência é comprometida, o que se faz durante sua caminhada pelo *Gemba*.

Uma vez identificada a restrição, o próximo passo é explorá-la ao máximo. Antes de fazer mudanças drásticas, porém, é preciso garantir que essa restrição esteja operando no pico de sua eficiência. Isso pode envolver ajustes menores, reorganização de tarefas ou realocação de recursos, que serão feitos mais adiante durante a Jornada I.M.P.R.O.V.E..

Com a restrição operando no seu melhor, a estratégia muda para subordinar tudo à decisão anterior. Em outras palavras, adapta-se e modela-se o fluxo de trabalho geral de forma que ele esteja alinhado com o funcionamento da restrição. O objetivo é assegurar que essa restrição, já identificada como um ponto crítico, nunca fique inativa ou desaproveitada.

Vale ressaltar que somente ajustar o fluxo de trabalho em torno de uma restrição não é uma solução a longo prazo. O próximo estágio é elevar a restrição, ou seja, aumentar sua capacidade.

Finalmente, com a restrição inicial superada, é hora de voltar ao início. Novas restrições vão surgir, e a organização deve estar preparada para identificá-las e enfrentá-las.

Chamamos sua atenção para a universalidade dos conceitos da TOC. Embora muitas vezes eles sejam associados à indústria de manufatura, assim como o *Lean* e outras práticas gerenciais, têm aplicações que transcendem setores e contextos. Eles são, acima de tudo, uma linguagem universal para a eficiência, que nos permite articular complexidades, seja em uma linha de montagem, uma loja ou um hospital.

O ciclo de foco de Goldratt.

O fluxo, essa corrente às vezes invisível que move informações, materiais e valor por meio de um sistema, é frequentemente mal compreendido ou mesmo negligenciado. Para o líder, não é suficiente simplesmente entenderem os princípios de fluxo, assim como para o maestro não basta saber ler a partitura. O líder precisa selecionar, capacitar, treinar, monitorar, detectar cacofonias, manter o ritmo e fazer correções quando preciso.

Mas tornar o processo vigente em um verdadeiramente fluido e otimizado é um exercício que exige estratégia, foco e um verdadeiro compromisso com a excelência. Essas estratégias, presentes na Jornada I.M.P.R.O.V.E., tornam a cadeia de valor mais eficiente e a transformam em um poderoso diferencial competitivo.

PRÁTICA I.M.P.R.O.V.E.: MAPEAR: COMO ACONTECE?

Objetivo da fase: desenhar o estado atual dos processos, identificando fluxos, restrições, gargalos, outros desperdícios e problemas que impactam na criação de valor e no resultado.

Pontos principais:
- criação de um mapa visual dos processos atuais;
- identificação do valor;
- identificação da fluidez do processo;
- destaque dos problemas a serem tratados.
- Como fazer na prática:
- realize sessões sempre com a equipe para capturar todas as etapas;
- destaque as etapas que criam valor e os desperdícios;
- identifique e marque os problemas e gargalos no mapa do processo.

Ferramentas:
- etiquetas coloridas adesivas e marcadores;
- paredes ou quadros brancos;
- software de mapeamento de processos (útil para equipes remotas).

Dicas úteis:
- encoraje a participação ativa da equipe, valorizando todas as contribuições;

- foque nos detalhes sem perder a visão geral do processo;
- utilize cores e símbolos para facilitar a visualização de informações importantes.

Após concluir o mapeamento, dedique um tempo a refletir sobre o processo e discutir suas descobertas com a equipe e outras partes interessadas para obter entendimentos adicionais.

Após as atividades de Investigação e Mapeamento, teremos reunido uma série de informações qualitativas e quantitativas, ambas se entrelaçando para contar a história do processo. Saberemos como ocorre cada etapa do processo, como é a transição ou "troca de mãos" entre as atividades, as preocupações e sentimentos das pessoas da equipe, as quantidades de documentos ou itens esperando por intervenção, o custo do estoque parado. Já temos aqui uma boa base para prosseguir.

O próximo passo lógico é começar a pensar na cadeia de valor futura: o melhor processo que pudermos imaginar.

MODELANDO O FUTURO

FAZENDO O PROCESSO FLUIR

As esperas causam uma série de outros desperdícios. Para fazer um processo fluir, trabalharemos para eliminar as interrupções e esperas. A fluidez de qualquer processo está em sua simplicidade e eficácia, características sempre presentes em bons processos. Além de fazer o processo fluir, a chave para otimizar a cadeia de valor está em focar nos elementos que verdadeiramente agregam valor ao cliente e minimizar o impacto ou eliminar aqueles que não agregam.

Lembremos alguns pontos importantes para isso:

- o primeiro é a análise do valor real de cada etapa, com o objetivo de eliminar os desperdícios. A aplicação eficaz dessa estratégia garante que apenas as atividades que contribuem para o valor final do produto ou serviço sejam mantidas;
- o segundo é a sincronização perfeita entre as várias partes do processo, o que elimina gargalos e assegura um fluxo. Um alinhamento perfeito balanceia o tempo de ciclo, melhora a qualidade e a eficácia das atividades;
- o terceiro é a flexibilidade. A rigidez é inimiga da eficiência. Sistemas e processos devem ser projetados de tal forma que possam ser facilmente ajustados para responder a novas informações, mudanças nas demandas do cliente ou outros fatores imprevistos. Essa flexibilidade permite que a organização se adapte rapidamente, mantendo o fluxo de valor otimizado;
- finalmente, é indispensável que a alta administração esteja plenamente engajada no processo de otimização da cadeia de valor. Sem o apoio e a direção da liderança, mesmo as melhores ideias falharão em ser eficazmente implementadas. A liderança deve estabelecer uma cultura de melhoria contínua, em que cada membro da equipe sente que tem um papel a desempenhar na otimização do processo.

FUGINDO DA ZONA DE CONFORTO

Processos se tornam obsoletos devido ao comportamento das pessoas, mudanças tecnológicas ou transformações no ambiente. O que era eficiente e necessário antes pode não ser mais relevante agora. No entanto, essa obsolescência na maioria das vezes passa despercebida. As empresas são lentas e resistentes a mudanças. Uma falsa sensação de que tudo funciona bem faz com que os processos sejam estabelecidos e raramente revisitados.

> *"Eles (os gerentes) 'conhecem' a lógica de seus métodos atuais; não é fácil dissuadi-los de seus méritos. No ambiente desprendido de uma sala de aula, as distinções na compreensão e na ação não podem ser facilmente exploradas. Apresentações de uma perspectiva sistêmica em uma organização levam os gerentes a argumentar, defender, racionalizar e fazer qualquer coisa para preservar o status quo. É uma resposta humana natural."**
> **John Seddon**

Essa resistência ao novo e à mudança, embora compreensível, destaca a importância de adotar uma mentalidade flexível e aberta às evoluções, permitindo que processos e sistemas se adaptem e evoluam em resposta às demandas dinâmicas do mercado e às inovações tecnológicas. É claro que reconhecer a obsolescência é um desafio, mas é também uma oportunidade para a inovação e a melhoria contínua, e pode ser o primeiro passo para transformar essa resistência em resiliência e competitividade.

A CADEIA DE VALOR FUTURA

A cadeia futura é um modelo de como devem ser os processos e atividades que uma organização planeja implementar. Ela deve ser composta por todos os componentes do processo, incluindo fornecedores, produção, distribuição e atendimento ao cliente, alinhados com uma visão estratégica baseada no propósito da companhia.

Enquanto a cadeia de valor atual é uma representação do estado presente dos processos de negócios, a cadeia de valor futura é uma

---

* Tradução livre e nota dos autores.

> *"Estamos tentando ligar todos os processos — desde o consumidor final até a matéria-prima — em um fluxo regular sem retornos que gere o menor lead time, a mais alta qualidade e o custo mais baixo."*
> **Mike Rother e John Shook**

visão do que poderia ser o "processo perfeito".

Ter uma visão futura bem definida para a cadeia de valor futura é o caminho para o sucesso a longo prazo. Ela serve como um norte, orientando as decisões estratégicas e táticas da organização. Além disso, uma visão futura bem articulada pode servir como um catalisador para a mudança, inspirando e mobilizando a equipe em torno de um objetivo comum. Sem uma visão futura, as organizações correm o risco de se tornarem complacentes, aceitando problemas e desperdícios como parte normal do processo, o que é contraproducente e não favorece a melhoria contínua e a inovação.

A tarefa de criar uma cadeia de valor futura não é executada apenas por uma pessoa. É um trabalho que deve envolver todos que participam e são impactados por ela. São diferentes pessoas e departamentos, por isso, é necessário pensar em comunicação e colaboração eficaz.

COMUNICAÇÃO E COLABORAÇÃO

ALÉM DAS CIRCULARES E E-MAILS

Enquanto desenvolvíamos o método I.M.P.R.O.V.E. ao longo dos anos, percebemos como a falta de colaboração e as falhas de comunicação podem impactar no resultado dos esforços de melhoria.

Como vimos anteriormente, os processos, em sua essência, são conjuntos de etapas, cada uma dependendo da outra para alcançar um objetivo comum. A interação entre as pessoas, sistemas e departamentos é o que dá vida a eles, transformando-os de instruções no papel em ações dinâmicas e com resultados tangíveis. Essa interconexão é o que torna a comunicação e a colaboração absolutamente essenciais.

Sem comunicação adequada, as diversas partes de um processo permanecem isoladas, incapazes de compartilhar recursos, aprendizados ou objetivos. Da mesma forma, sem colaboração, cada parte do processo opera em um vácuo, limitada por seus próprios recursos e perspectivas.

CONEXÃO E SINERGIA

A comunicação e a colaboração são pilares para qualquer sistema eficaz de gestão e, quando se trata de gestão por processos, sua importância se multiplica.

Cada empresa é uma entidade única, composta por departamentos interdependentes e interconectados. Para que opere como uma unidade coesa, é imperativo que cada departamento compreenda sua própria função e saiba como ela se inter-relaciona com outras funções. A comunicação garante essa compreensão, provocando a necessidade da colaboração. Processos bem comunicados também ajudam na identificação antecipada de problemas. Quando as equipes estão bem sintonizadas, é mais provável que as anomalias ou problemas em um processo sejam rapidamente identificados e resolvidos antes de se tornarem maiores ou até insolúveis.

A colaboração leva ao desenvolvimento de sinergias entre departamentos. Quando os departamentos colaboram, eles identificam áreas em que podem se apoiar, resultando em processos mais eficientes e melhores resultados.

Além disso, a comunicação eficaz garante que todos os membros da organização entendam o propósito da companhia, assegurando que todos os processos estejam alinhados com ele. Muitos conflitos nas organizações surgem devido à falta de clareza sobre os processos e seus objetivos. A comunicação clara também ajuda a definir expectativas, reduzindo o potencial destrutivo de conflitos.

Por fim, a colaboração também é um terreno fértil para a inovação. Quando as equipes de diferentes departamentos se comunicam e colaboram, elas podem combinar suas habilidades e conhecimentos para criar soluções inovadoras para desafios complexos.

Na essência de tudo isso, está a ideia de fluxo, movimento e transformação. A comunicação e a colaboração garantem que esse fluxo seja eficaz, que os movimentos sejam coordenados e que as transformações sejam benéficas e alinhadas com os objetivos da organização. Sem uma comunicação e colaboração eficazes, a gestão por processos fica comprometida, e os resultados desejados podem ser difíceis de alcançar.

A ESSÊNCIA DA COMUNICAÇÃO

Comunicar-se não se limita a enviar a mensagem: é um jogo de percepção, no qual a mesma palavra e a forma como é dita ou escrita pode significar coisas diferentes para pessoas diferentes. E aqui está o desafio: como garantir que o ciclo da comunicação se complete?

Você já enviou uma mensagem pensando que era clara como água, só para descobrir que outra pessoa entendeu de forma completamente diferente? Isso acontece o tempo todo e por várias razões: diferenças culturais, barreiras linguísticas ou até mesmo as emoções ou o humor do dia.

Vejamos essa troca de mensagens entre um consultor e seu cliente:

"Preciso falar contigo, pode me ligar por favor?"

"Não posso falar agora, estou num voo, pouso em 30 min."

"Me liga daí."

"Não posso ligar, estou no avião. Só vou pousar em mais ou menos 30 minutos."

"Então me liga, daí!"

Veja como uma simples pontuação mudou o sentido da frase. Nesse caso, sem danos maiores. Mas, dependendo do contexto, pode resultar em graves problemas. Comunicação não é somente o que falamos, é também o que o outro entende.

Os meios de comunicação utilizados no dia a dia são pouco eficazes para tratar problemas. Vemos com frequência gerentes ficarem surpresos por algo não estar funcionando como ordenara apesar de já "ter enviado um e-mail sobre isso". Em uma sessão de mapeamento da cadeia de valor com o time de um cliente, por exemplo, identificamos um problema crônico de demora na comunicação entre a fábrica e o representante comercial sobre previsões de entrega. Diziam-me que não havia solução, pois já haviam enviado diversos e-mails e falaram sobre o problema em várias reuniões. Apesar de o método (*e-mails* e reuniões) não ter funcionado em nenhuma delas, insistiam em repetir essas ações.

Depois disso, abordamos o problema de forma estruturada. Coletamos dados e fatos que ilustravam o impacto dessa demora nos resultados e na satisfação do cliente. Em uma sessão de *kaizen** com todas as partes envolvidas, tanto da fábrica quanto do distribuidor, apresentamos todos esses dados. Só então a gravidade do problema foi plenamente compreendida e medidas foram tomadas para resolvê-lo.

COMO ACERTAR NA COMUNICAÇÃO

Promover uma comunicação eficaz ajuda todas as partes da organização a se moverem na mesma direção. Ela conecta todos os elementos, facilitando o caminho para o atingimento de metas. A comunicação deve ser bidirecional. Em reuniões em que apenas o líder fala, por exemplo, o ciclo de comunicação fica incompleto, impedindo o entendimento efetivo e a troca genuína de informações. Para que a comunicação vá além do simples ato de emitir informações: é necessário que a informação flua e seja aprendida, absorvida e aplicada de maneira adequada. Para isso, as organizações precisam adotar estratégias específicas.

> *"Aprender é uma competência inata de todos os humanos, mas, a exemplo da altura ou compleição**, varia de pessoa a pessoa."*
> **Harold D. Slotovitch**

É necessário entender que as pessoas se comunicam e entendem as coisas de uma maneira particular. Algumas são mais visuais, outras auditivas, umas preferem ler um manual ou assistir a um vídeo de instrução. O líder precisa adaptar sua comunicação para que atinja a todas as pessoas da maneira mais eficaz.

---

* 25 Kaizen: Cultura japonesa de melhoria contínua que envolve todos funcionários de uma empresa em pequenas mudanças no local de trabalho, regularmente, resultando em melhorias significativas na eficiência e qualidade ao longo do tempo.

** constituição física, biotipo.

Depois é importante a definição clara de objetivos. Todos devem compreender como seus papéis se encaixam no quadro geral. Quando cada pessoa entende o propósito e a direção, pode se comunicar de maneira mais eficaz e alinhada com a visão da empresa.

A abertura é outro componente muito importante. Criar um ambiente em que os colaboradores se sintam à vontade para expressar suas opiniões, preocupações e ideias leva a um diálogo mais genuíno e construtivo. Essa cultura de abertura previne mal-entendidos, promove a resolução rápida de problemas e fomenta um espírito de colaboração.

Além disso, é preciso regularidade da comunicação. Seja com reuniões diárias ou sistemas de *feedback*, manter uma cadência constante de comunicação ajuda a garantir que todos estejam atualizados e sincronizados.

Plataformas colaborativas, sistemas de gestão de projetos e outras ferramentas digitais podem ser implementadas para garantir que as informações sejam compartilhadas em tempo real, melhorando a rapidez e a eficiência da comunicação.

A formação contínua é outra estratégia importante. Investir em treinamento e desenvolvimento para aprimorar as habilidades de todos na organização pode ter um impacto significativo na eficácia com que a informação é compartilhada e compreendida.

No final das contas, a eficácia da comunicação em processos é a soma de várias partes, cada uma contribuindo para um todo coeso.

A EMPATIA

Em qualquer ambiente organizacional, dada a diversidade de pessoas e comportamentos, a empatia é uma necessidade operacional. A habilidade de se colocar no lugar do outro, além de uma virtude moral, é também uma ferramenta poderosa para solucionar problemas e melhorar processos. Quando entendemos as necessidades e sentimentos da outra parte, seja ela um colega, um subordinado ou um cliente, estaremos mais preparados para encontrar soluções que sejam mutuamente benéficas. A empatia, portanto, serve como um catalisador para a colaboração eficaz e a comunicação clara.

Durante uma sessão de mapeamento em um novo cliente, por exemplo, foi levantado um problema de atrasos frequentes para execução de uma etapa daquele processo. Imediatamente, o responsável pela etapa do processo foi "julgado e condenado" pelo seu chefe imediato, que o repreendeu na presença de todos, gerando um terrível mal-estar e destruindo nossa sessão.

Um líder empático, por outro lado, buscaria entender as razões por trás do atraso, sabendo que provavelmente, havia razões práticas (e não culpados) para o problema. Isso ajudaria a entender sua causa e fortaleceria o relacionamento entre ele e os membros da equipe.

A cultura de uma empresa é o solo no qual a comunicação e a colaboração crescem. Uma cultura que valoriza a abertura, a honestidade e o respeito mútuo é mais propensa a fomentar uma comunicação eficaz e uma colaboração produtiva. Em uma cultura saudável, os membros da equipe se sentem seguros para expressar suas opiniões, compartilhar *feedback* e propor mudanças sem o medo de represálias.

A COMUNICAÇÃO NÃO VERBAL E O TIMING

Gestos, expressões faciais e o tom de voz são elementos poderosos que podem reforçar ou minar a mensagem que estamos tentando transmitir. A consciência de nossa linguagem corporal e da dos outros pode ajudar a entender o estado emocional e as intenções, melhorando assim a eficácia da comunicação.

> "O modo como nos comunicamos — as decisões inconscientes que tomamos ao falar e escutar, as perguntas que fazemos e as vulnerabilidades que expomos, até mesmo nosso tom de voz — pode influenciar em quem confiamos, quem nos persuade e quem procuramos como amigos."
> **Charles Duhigg**

A comunicação, com sua sensibilidade e *timing* corretos, é fundamental para fomentar o engajamento e o compromisso das equipes. Entretanto, a ausência de tato ao comunicar pode ter o efeito oposto, como evidenciado por uma experiência pessoal de um de nós. O recebimento de um prêmio pela equipe, em reconhecimento às altas notas de satisfação do cliente, se transformou em um momento de desilusão durante uma reunião com a diretoria. Na expectativa de uma celebração por parte dos diretores, o que se encontrou foi a diminuição do valor do prêmio com o argumento de que a meta de vendas daquele mês, que não foi atingida, era mais significativa. Esse contraste entre a antecipação de um reconhecimento e sua consequente desvalorização ressalta como a comunicação mal calibrada pode impactar negativamente o moral e a motivação da equipe.

O *timing* pode ser tudo quando se trata de comunicação eficaz. Escolher o momento certo para comunicar uma mudança, dar *feedback* ou abordar um problema delicado pode constituir a diferença entre ser ouvido e ser ignorado. O *timing* adequado aumenta a probabilidade de uma mensagem ser recebida de forma positiva e pode influenciar a eficácia da ação subsequente.

FERRAMENTAS E TECNOLOGIAS

Colaborar significa trabalhar com os outros em direção a um objetivo comum, utilizando as melhores habilidades e conhecimentos de cada um. E, para fazer isso com eficácia, podemos fazer uso de tecnologias que suportem esse tipo de trabalho em equipe.

As ferramentas de colaboração têm evoluído rapidamente, tornando-se mais intuitivas, abrangentes e essenciais para garantir que as equipes se conectem, compartilhem e trabalhem juntas de forma eficiente, independentemente de onde estejam localizadas.

Vejamos algumas dessas ferramentas:
- **Sistemas de gestão de projetos:** ferramentas como Trello, Asana, Monday e Lean Dealers Digital Board oferecem painéis intuitivos onde as tarefas podem ser atribuídas, rastreadas e gerenciadas. Elas proporcionam uma visão clara do progresso, prazos e responsabilidades, tornando mais fácil a colaboração;

- **Plataformas de comunicação:** aplicativos como Google Meet, Microsoft Teams e Zoom tornaram-se indispensáveis na atualidade. Eles facilitam a comunicação em tempo real por meio de mensagens de texto, chamadas de voz ou videoconferências. Essas plataformas também se integram frequentemente com outras ferramentas e sistemas, proporcionando um ambiente de colaboração coeso;

- **Softwares de design colaborativo:** ferramentas como Lean Dealers Digital Board e Miro permitem que as equipes colaborem em *design* e *brainstorming* em tempo real. Elas proporcionam um espaço virtual onde os membros da equipe podem dar *feedback*, fazer alterações e cocriar soluções;

- **Sistemas de gestão de documentos:** Dropbox, Google Workspace e Microsoft Office 365, por exemplo, permitem que os documentos sejam criados, editados e compartilhados em tempo real, garantindo acesso às atualizações em tempo real;

- **Ferramentas de automatização de fluxo de trabalho:** aplicativos como Zapier e Integromat ajudam a conectar diferentes ferramentas e automatizar tarefas repetitivas, garantindo que os processos sejam executados de forma mais eficiente e que todos possam focar em tarefas mais importantes;

- **Plataformas de gestão de processos de negócios (BPM):** *softwares* como Bizagi e Lean Dealers Digital Board permitem que as empresas mapeiem, modelizem, implementem e otimizem seus processos de negócios, facilitando a colaboração e garantindo que os processos sejam consistentes e alinhados com os objetivos organizacionais.

Se você é líder, gestor ou mesmo membro da equipe, entender a dinâmica da comunicação eficaz e da colaboração forma a base para o sucesso de qualquer projeto ou objetivo organizacional. Para comunicar, não basta enviar e-mails, realizar reuniões ou escrever procedimentos operacionais padrão. É preciso construir uma cultura em que a informação flui livremente, as pessoas se sentem valorizadas e ouvidas e os problemas são vistos como oportunidades para melhorar e crescer. Uma cultura que promove a comunicação aberta e a colaboração torna o local de trabalho mais agradável e mais eficaz.

VALOR E DESPERDÍCIOS NA CADEIA FUTURA

Ao desenvolver o fluxo ideal na cadeia de valor futura, pensemos sobre o que deve ser mantido e o que deve ser descartado. É preciso, mais uma vez, entender qual é o valor criado pelos processos. Lembremos: valor é definido pelo cliente e ele, somente ele, pode identificá-lo. A partir desse entendimento, podemos pensar como as atividades serão orientadas, no sentido de criar e entregar esse valor.

Todas as atividades que não contribuem para esse valor são "desperdícios" e são candidatas à eliminação. No entanto, algumas são obrigatórias devido a regulamentações legais ou requisitos de segurança. Essas atividades, embora não adicionem valor direto ao cliente, são necessárias e devem ser mantidas.

O restante é o que chamamos de "desperdício puro". Essas são as atividades que não devem aparecer na cadeia de valor futura, e isso será um grande desafio, acredite!

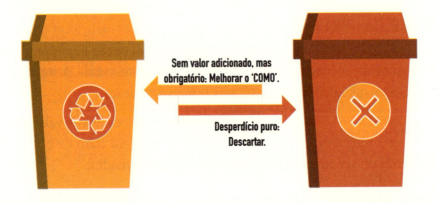

Com os desperdícios identificados e classificados, o próximo passo é elaborar estratégias para eliminá-los ou reduzi-los. Para as atividades que são necessárias, mas que não agregam valor (como conformidade regulatória e medidas de segurança), podemos pensar em soluções para minimizar o tempo e o esforço necessários para executá-las.

> *"Mapear cadeias de valor sem implementar as melhorias identificadas é provavelmente um dos maiores desperdícios de todos."**
> David Brunt & John Kiff

O QUE LEVAR PARA O FUTURO

- **Geração de valor ao cliente:** refere-se às atividades que o cliente está disposto a pagar. São a essência da cadeia de valor. Exemplo: cortar os cabelos;

- **Suporte à criação de valor:** refere-se a tarefas necessárias, embora não agregue valor do ponto de vista do cliente. Exemplos:

- **Garantia da segurança:** qualquer procedimento ou controle que contribua para a segurança das pessoas. Ex.: esterilização de ferramentas;

- **Atendimento aos requisitos legais:** cumprir com as regulamentações e leis é inegociável. Essas tarefas devem ser mantidas, mesmo que não agreguem valor direto ao cliente. Ex.: emitir nota fiscal.

O QUE DEIXAR PARA TRÁS

- **Rechecagem e reconferência:** a qualidade deve ser incorporada e garantida em cada etapa do processo, sem necessidade de verificações de qualidade que consomem tempo e recursos;

- **Processos "estranhos":** se há processos em sua cadeia de valor atual que ninguém sabe por que existem, é um sinal claro de que eles precisam ser reavaliados e provavelmente eliminados;

---

* Tradução livre dos autores.

- **Gargalos e restrições:** esses são pontos que limitam a eficiência e eficácia da cadeia de valor e geram esperas e estoques intermediários. Eles devem ser identificados e resolvidos ou eliminados na cadeia de valor futura.

Muitas estratégias de gestão tradicionais ainda operam sob a premissa de que a otimização de componentes individuais leva um sistema à eficiência. Essa ideia pode, entretanto, como vimos na Teoria das Restrições, criar mais problemas do que soluções, como ineficiências difíceis de identificar e, consequentemente, de corrigir. Uma das maneiras de lidar com gargalos e restrições pode ser a automação.

AUTOMAÇÃO DE PROCESSOS

FLUXOS AUTOMÁTICOS

Este é um momento de nos questionarmos: para criar um processo futuro que flua e melhore a entrega de valor ao cliente, quais processos na organização realmente necessitam de automação? E quais precisam realmente precisam do julgamento humano? Quando a automação melhora a vida de nossos colaboradores e clientes, e quando ela se torna um empecilho? E, ainda: como podemos alinhar as estratégias de automação com princípios mais amplos, como a eficiência ou a satisfação do cliente, para criar algo verdadeiramente transformador?

Não há respostas fáceis. Mas refletir sobre isso abre portas para novas formas de pensar e agir no contexto da automação.

FUNDAMENTOS

Imaginemos um mundo onde máquinas realizam tarefas repetitivas, deixando o ser humano livre para se concentrar no que faz de melhor: pensar, criar e inovar. Esse mundo já está aí (ou já está AI) e é moldado em grande parte pela automação de processos. Mas o que é, exatamente, automação de processos? É muito mais do que simplesmente substituir um conjunto de mãos humanas por circuitos eletrônicos e linhas de código. Significa otimização, eficiência e escalabilidade em nossos negócios.

Mas nem toda automação é criada igualmente. Alguns processos são simples e envolvem tarefas repetitivas, como entrada de dados, em que a automação de processos robóticos (RPA) atua. Outros processos são mais complexos, abrangendo várias etapas e sistemas. Para esses, a automação de processos de negócios (BPA) pode ser mais apropriada. E, então, temos tarefas que requerem certo nível de tomada de decisão ou interpretação — espaços onde se destaca a automação inteligente de processos (IPA) com a ajuda de análises de dados geradas por inteligência artificial (IA) e aprendizado de máquina se destaca.

A INTELIGÊNCIA ARTIFICIAL

A IA na automação de processos representa um salto significativo em eficiência, precisão e inovação para as empresas. Com a capacidade de processar e analisar grandes volumes de dados rapidamente, a IA pode minimizar erros humanos e liberar tempo para tarefas mais estratégicas. Com análises avançadas, oferece informações que apoiam decisões informadas e estratégicas, enquanto algoritmos de aprendizado de máquina promovem uma melhoria contínua, tornando-se mais eficientes com o tempo.

Essa tecnologia proporciona escalabilidade, ajustando-se facilmente a volumes de trabalho crescentes. Além disso, contribui para a redução de custos operacionais e possibilita a previsão de tendências e padrões de mercado, permitindo a personalização de produtos e serviços. A IA pode transformar os processos empresariais, levando a um aumento da produtividade, redução de custos e um posicionamento mais competitivo no mercado.

E por que automatizar? A resposta é simples: empresas que optam por ignorar as potencialidades da automação correm o risco de serem abandonadas.

Quando feita corretamente, a automação pode ser uma via expressa para a eficiência operacional, melhor utilização de recursos e, também, lucratividade.

Por outro lado, diariamente escutamos falar de automação como uma solução mágica que resolve todos os problemas. Mas um olhar mais atento pode ajudar a perceber as possíveis armadilhas da automatização.

O desafio é: como podemos melhorar a eficácia da automação e como ela pode realçar os esforços da organização para ser mais "enxuta" e centrada no cliente?

A definição de uma operação eficaz está em entregar valor ao cliente com o mínimo de desperdício possível. Assim, ao considerar qualquer projeto de automação, a primeira pergunta a ser feita deve ser: "Ele adiciona valor ao cliente?" A segunda: "Ele reduz ou elimina o desperdício?" Se a resposta for sim para ambas ou apenas uma delas, você está no caminho. A automação, então, torna-se um aliado. Durante uma visita a uma fábrica de caminhões em 2018, por exemplo, observamos que a etapa de aperto dos parafusos do motor havia sido automatizada por robôs. Ao indagar sobre a razão dessa escolha, fomos informados que a automação foi adotada não para aumentar a velocidade do processo, mas para melhorar a qualidade. Anteriormente, a variação no torque aplicado manualmente resultava em problemas no funcionamento do motor, causando quebras. Assim, a introdução da automação trouxe consistência para essa etapa, eliminando as variações e elevando o padrão de qualidade do produto final.

A automação é particularmente eficaz para melhorar processos ineficientes, eliminar erros, retrabalho e até mesmo excesso de produção. Automatizar tarefas repetitivas e propensas a erros acelera o processo enquanto liberamos os funcionários para se concentrarem em tarefas mais estratégicas e criativas.

Em um dos inúmeros projetos em que atuamos, trabalhamos com uma concessionária de máquinas que oferecia a seus clientes um plano de manutenção que cobria certo período e incluía peças e serviços. A concessionária tinha uma rede, espalhada por todo o país, que fazia a venda desse plano.

Durante o mapeamento, entendemos que o processo de cotação era inteiramente manual e centralizado. Os vendedores enviavam as informações necessárias para uma central, onde operadores inseriam os dados em uma planilha para gerar a cotação. O tempo de resposta variava muito, de 24 horas até impressionantes 12 dias. Esse tempo significativo tinha um impacto negativo direto nos esforços de vendas, pois, obviamente, o tempo de espera reduzia drasticamente a probabilidade de conversão.

Ao automatizar esse processo, foi possível fornecer aos clientes uma cotação instantânea, o que, além de reduzir o tempo de todo o ciclo de venda, também aumentou substancialmente a probabilidade de conversão de *leads* em clientes efetivos. A automação agiu nessa situação como um catalisador na eliminação do desperdício de tempo, alinhando-se, assim, com os princípios de eficiência e valor ao cliente.

> *"A maneira mais fácil – e talvez também a mais indicada – de aumentar a produtividade no trabalho consiste em redefinir a tarefa e, principalmente, em eliminar o que não precisa ser feito."*
> Peter Drucker

SUSTENTABILIDADE E FLEXIBILIDADE

Muitas organizações concentram seus esforços apenas na implementação da automação e ignoram que o verdadeiro valor vem da sustentabilidade e adaptabilidade desses sistemas ao longo do tempo.

A constante mudança influenciada por diversos fatores, como avanços tecnológicos, mudanças na legislação e flutuações nas demandas do cliente, exige que sistemas de automação sejam flexíveis para se adaptar a essas mudanças. Considerar os passos da Jornada I.M.P.R.O.V.E. pode ajudar a garantir a flexibilidade, permitindo respostas mais ágeis e eficazes às mudanças.

Um sistema de automação pode ser tão bom quanto sua manutenção. Tecnologia e processos evoluem, e o sistema de automação deve ser atualizado para continuar sendo eficaz. A manutenção, além das correções e ajustes técnicos, envolve revisões para alinhar o sistema com os objetivos estratégicos da empresa.

PESSOAS X MÁQUINAS

A automação não deve ser uma desculpa para ignorar o elemento humano e, mais especificamente, o cliente. O foco deve sempre ser entregar valor ao cliente, o que pode às vezes ser esquecido quando a atenção está voltada para os aspectos técnicos da automação. Medidas devem ser tomadas para garantir que o cliente continue sendo o centro do processo.

Em 2023, uma empresa de serviços automatizou seu processo de pedidos e padronizou o pedido em um único formato. A intenção foi simplificar a integração de dados, mas isso gerou um grande incômodo para um de seus grandes clientes, que já tinha seus próprios processos e formatos estabelecidos.

Nesse caso, o cliente foi forçado a fazer um trabalho extra para se adequar às exigências da empresa, criando um ponto de atrito e colocando em risco a relação comercial. Isso é particularmente problemático em mercados competitivos, em que o cliente pode facilmente optar por um concorrente mais flexível.

Além disso, contradiz o propósito das companhias que têm como um de seus pilares a entrega de valor ao cliente. Um sistema que impõe um fardo adicional ao cliente está, na verdade, criando desperdício (na forma de tempo e esforço do cliente) e potencialmente erodindo o valor que a automação deveria fornecer.

PRINCIPAIS ERROS

À medida que buscamos maior eficiência e competitividade por meio da automação, facilmente caímos em armadilhas que podem comprometer a eficácia desses esforços.

Uma das armadilhas mais comuns, como mencionado anteriormente, é tratar a automação como um fim em si mesmo, ao invés de um meio para alcançar objetivos estratégicos maiores. Isso geralmente ocorre quando o foco é colocado exclusivamente na tecnologia, desconsiderando como ela se alinha com os objetivos gerais da empresa. Automação pela automação desperdiça recursos e pode levar a processos complicados e ineficientes que não agregam valor real ao cliente ou à empresa.

Outro erro comum é automatizar desperdícios. Nesse caso, o resultado será simplesmente acelerar a perda. Portanto, antes de implementar uma automatização, é necessário mapear e otimizar o processo e entender o valor que será agregado a ele. A regra geral é: primeiro melhore o processo, depois automatize.

Também é comum não consultar as pessoas que realmente executam o trabalho, a equipe operacional. A visão do alto pode não captar as particularidades e desafios do dia a dia acabam por afetar o sucesso da automação. Ignorar o *feedback* e as sugestões dos envolvidos na operação pode levar a soluções mal projetadas que, na pior das hipóteses, ninguém vai querer ou poder usar de forma eficaz.

> *"Certamente não há nada tão inútil quanto fazer com grande eficiência o que não deveria ser feito de forma alguma."*
> **Peter Drucker**

Automatizar processos é uma ferramenta poderosa. No entanto, como vimos, nem todo processo é um bom candidato para automação. É preciso avaliar a complexidade, o volume e a natureza dos processos antes de tomar a decisão de automatizar. Às vezes, um processo manual pode ser mais eficaz devido à sua natureza ou à necessidade de julgamento humano especializado.

Para ilustrar, tomemos como exemplo uma visita que um de nós fez em 2013 a duas plantas da mesma marca de automóveis, uma localizada em Munique, na Alemanha, e a outra no Paraná, no sul do Brasil. Uma operação chamou a atenção: a instalação dos para-brisas. Em Munique, esse processo era inteiramente automatizado, com robôs encarregados de manusear o para-brisa, aplicar o adesivo e posicioná-lo na estrutura do veículo. Já na filial brasileira, a instalação era realizada manualmente por dois operários. Ao final do processo, a qualidade final do produto em ambas as instalações era a mesma. A diferença entre as duas fábricas era a escala de produção. Na Alemanha, o volume de produção elevado exigia uma eficiência e velocidade que somente a automação poderia fornecer. Por outro lado, no Brasil, o volume menor permitia um ritmo de produção menos acelerado, dando espaço para processos manuais sem comprometer a qualidade e a eficiência.

A chave, em todos os casos, é encontrar um equilíbrio estratégico que combine as forças da automação e do trabalho manual para criar valor de forma sustentável. Lembremos sempre: uma implementação bem-sucedida de automação de processos é um projeto contínuo que requer avaliação, ajustes e interações constantes.

Com um entendimento claro da situação desejada para o futuro, pode-se, agora, fazer uma análise comparativa e entender as principais lacunas entre a cadeia atual e a futura. De posse de todas as informações que levantamos até aqui, podemos entender quais desperdícios, gargalos e restrições causam os maiores impactos na entrega de valor ao cliente. Esses serão os principais candidatos a sofrer intervenção.

DESENHANDO O FUTURO

O estado futuro deve ter três objetivos principais:

1. **Reduzir/Eliminar interrupções e esperas:** toda vez que o processo é interrompido, desperdício é criado, começando pela espera e culminando em outros desperdícios, como estoque, transporte, movimentação e assim por diante;

2. **Reduzir/Eliminar desperdícios:** há um grande risco de levarmos desperdícios para o estado se não desafiarmos o processo;

É necessário perguntar e provocar cada atividade do processo: por que ela existe? Adiciona valor para o cliente? É obrigatória? Poderíamos eliminá-la?

Mas atenção:
- não remover tarefas somente para reduzir trabalho. A tarefa deve ser eliminada quando for inútil;
- não eliminar somente a tarefa; eliminar a necessidade de realizá-la, resolvendo o problema que originou a criação da tarefa.

3. **Resolver problemas do processo:** durante o exercício de desenhar as cadeias de valor, vão surgir diversos problemas do processo. Alguns conhecidos, outros nem tanto e outros que nem eram considerados problemas. É preciso respeitar cada um deles e pensar em como um novo processo vai solucioná-los.

A partir desses objetivos chave, surge então uma cadeia futura, de um processo que entrega mais valor ao cliente mais rápido, sem esperas e com muito menos desperdícios. Como se pôde perceber, desenhar a cadeia de valor futura é uma tarefa que requer atenção aos detalhes, compreensão dos processos atuais e uma visão clara do que se deseja alcançar.

PRÁTICA I.M.P.R.O.V.E.: MAPEAR: COMO DEVERIA SER?

M: Mapear a cadeia de valor futura

Objetivo da fase: desenvolver uma visão clara e otimizada da cadeia de valor futura, identificando oportunidades para eliminar desperdícios, melhorar fluxos de trabalho e aumentar a entrega de valor ao cliente.

Pontos principais:
- desenho do processo ideal, sem interrupções ou desperdícios;
- identificação de processos-chave que requerem otimização;
- estabelecimento de metas de processo alinhadas com as expectativas do cliente e objetivos estratégicos.

Como fazer na prática:
- Desenhe um processo que entregue valor ao cliente de maneira eficiente. Desafie o status quo. Antes de levar uma tarefa para a cadeia futura, questione qual problema essa tarefa resolve e quais são as alternativas;
- ainda sem considerar "como" as mudanças serão implementadas, foque no que seria o estado ideal;
- comece pelo fim do processo e questione o que é necessário para cada etapa começar, trabalhando de trás para frente até chegar ao início. Exemplo: se a última tarefa do processo é entregar um produto ao cliente, pergunte: o que precisa estar pronto para isso acontecer? A tarefa anterior será, neste exemplo, fazer o pacote; a anterior será faturar; até a entrada do cliente na loja.

Ferramentas:
- etiquetas coloridas adesivas e marcadores;
- paredes ou quadros brancos;
- Software de mapeamento de processos (mais útil para equipes remotas).

Dicas úteis:
- mantenha o foco no valor para o cliente;
- promova uma cultura de experimentação, permitindo considerar novas ideias;
- encoraje a comunicação e feedback contínuos durante o processo de mapeamento, ajustando a cadeia conforme necessário;
- lembre-se de que uma boa cadeia de valor deve revelar o passo a passo do processo, quem participa, quais etapas criam valor e os tempos de operação;
- antes de começar, defina claramente o escopo do trabalho e alinhe as motivações da equipe;
- mantenha o respeito pelas pessoas envolvidas e pelo trabalho realizado, mesmo ao buscar a eliminação de tarefas que são puramente desperdícios. Deixe claro que os desperdícios eliminados do processo abrirão espaço para as pessoas realizarem atividades que agregam valor.

Relembramos que esta atividade é um exercício de visualização e planejamento, e as soluções específicas para os desafios identificados serão desenvolvidas em fases subsequentes do método I.M.P.R.O.V.E. Seguimos então para a próxima etapa de nossa jornada.

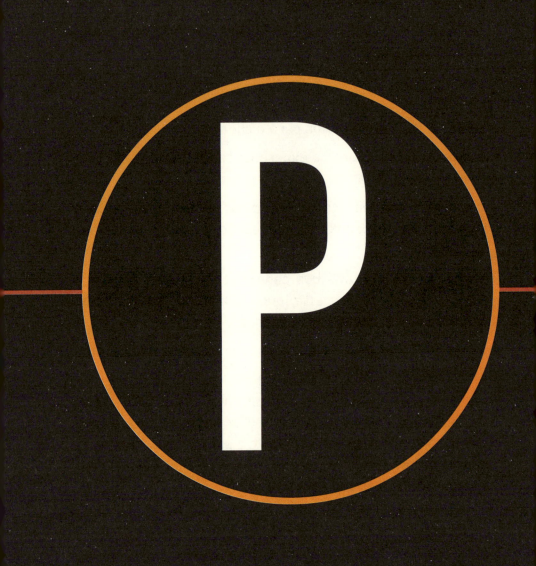

PLANEJAR

"O processo de planejamento da estratégia converte declarações da direção estratégica em objetivos, indicadores, metas, iniciativas e orçamentos específicos, que orientam a ação e alinham a organização para a execução eficaz da estratégia."

Kaplan & Norton

Nós temos uma forte tendência de partir para a ação. Em muitos momentos da vida, isso pode fazer a diferença, especialmente em situações de emergência. Mas as respostas imediatas não são eficientes para todas as situações. Implementar ou melhorar um processo, por exemplo, reúne uma série de desafios, sistemas, departamentos e pessoas.

Alguns passos vão garantir uma transformação suave e segura e aumentar as probabilidades de sucesso. Um bom planejamento ajuda muito nessa etapa. Por isso, é necessário reservar tempo para elaborar todas essas atividades. O planejamento das ações contribui significativamente para elevar o mapeamento do fluxo de valor simplesmente de ferramenta para uma prática de gerenciamento que produz uma transformação duradoura.

O plano de transformação da cadeia de valor deve resolver cada uma das questões que impedem o processo de ser melhor e remover os obstáculos entre a situação atual e a desejada. É importante que tenhamos em mente que se deve planejar uma contramedida por vez, em ciclos de experimentação curtos. Pensemos, pois, as ações uma a uma, tendo claro qual o resultado esperado para cada contramedida planejada.

Mais uma vez, a tarefa de planejamento é realizada com a participação de todos que atuam ou são impactados pelo processo. Isso ajuda a diminuir a resistência, muito comum quando são propostas mudanças, e aumenta a probabilidade de sucesso, já que mais pontos de vista serão considerados além de apenas um. Embora a liderança forneça direção, cada objetivo é expressado por todos, criando um senso de propriedade coletiva e responsabilidade compartilhada.

A ENGENHARIA DO PLANEJAMENTO

O planejamento é a engenharia da mudança. Nele, a estratégia de implementação é construída, detalhando cada possibilidade e ação, atribuindo recursos e prazos. No entanto, o plano deve ser vivo, considerando o dia a dia das pessoas, e flexível o suficiente para se adaptar às inevitáveis surpresas que surgirão no caminho.

Ao planejar a transformação da cadeia de valor, estabelecem-se metas claras e mensuráveis para cada objetivo. A metodologia SMART fornece uma estrutura bastante eficaz para defini-las:

- **Específicas (*Specific*):** as metas devem ser diretas e detalhadas e definir o que você pretende alcançar;
- **Mensuráveis (*Measurable*):** é necessário ser capaz de quantificar o progresso e os resultados das suas metas pretendidas;
- **Alcançáveis (*Achievable*):** as metas devem ser realistas e possíveis de serem atingidas com os recursos disponíveis;
- **Relevantes (*Relevant*):** as metas devem estar alinhadas com os objetivos mais amplos da empresa e serem importantes para o sucesso da transformação da cadeia;
- **Com tempo determinado (*Time-bound*):** cada meta deve ter uma linha do tempo clara, com uma data de início e término.

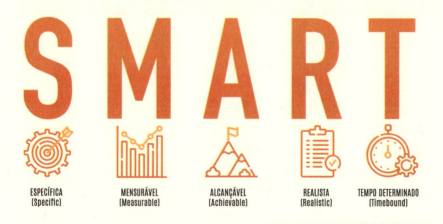

A implementação de metas SMART contribui para uma visão clara e para o direcionamento na fase de planejamento. Além disso, ajuda a manter a equipe focada e motivada.

Cada contramedida deve ter metas associadas que sejam SMART. Por exemplo, se uma das contramedidas é reduzir o tempo de espera em uma etapa do processo, uma meta SMART poderia ser: "Reduzir o tempo médio de espera na etapa em 20% em 15 dias, assegurando que não haja redução na qualidade do produto." Isso dá à equipe um objetivo claro, um meio de medir o sucesso e um prazo para a realização.

DEFININDO CONTRAMEDIDAS

O sucesso do planejamento é mensurado pela clareza e alcançabilidade das ações estabelecidas nele. Um plano bem definido não é um conjunto de desejos vagos, é uma série de contramedidas claras a caminho da transformação. Essas contramedidas devem ser específicas e sem ambiguidades. Devem responder às questões fundamentais, ilustradas pela técnica 5W2H:

Com ações bem estabelecidas, cada membro da equipe sabe exatamente o que precisa ser feito e qual papel desempenha no panorama geral da transformação.

Cada contramedida deve ser acompanhada do objetivo a ser alcançado e de indicadores de desempenho, que fornecerão uma trilha quantitativa para o acompanhamento.

Esses indicadores são os termômetros do sucesso, permitindo controle sobre a eficácia das ações e sinalizando a necessidade de correção de curso sempre que houver desvio do esperado.

> "Para qualquer um que busque alto desempenho no local de trabalho, os objetivos são extremamente necessários."
> John Doerr

Cada contramedida é parte integrante de uma visão mais ampla, atuando em sinergia com o propósito organizacional e fortalecendo a cultura da empresa.

ALOCAÇÃO DE RECURSOS

Para cada contramedida, detalhe-se a alocação de recursos, assegurando que cada elemento necessário para a realização do plano esteja no lugar certo, no momento certo. A alocação de recursos é a mobilização de talentos, a garantia de que a tecnologia adequada esteja à disposição e a certeza de que o tempo dedicado às tarefas de transformação seja um investimento.

Também é necessário estabelecer os marcos de checagem. Os marcos são os pontos de verificação que permitem avaliar o progresso, celebrar as vitórias e, mais importante, recalibrar a rota quando necessário. Eles são tão vitais tanto para manter a equipe engajada quanto para o controle do projeto. Não podemos esquecer de que esses marcos devem considerar ciclos curtos de experimentação para garantir que pequenos desvios não nos tirem totalmente da rota traçada.

Um plano robusto é aquele no qual o "imprevisto é previsto". Isso significa ter planos de contingência prontos, estabelecer uma cultura de comunicação aberta e rápida e criar um ambiente onde o *feedback* seja esperado e encorajado.

As técnicas e ferramentas da gestão de projetos podem ser bastante úteis na fase PLAN.

GESTÃO DE PROJETOS

A gestão de projetos é a capacidade de transformar visão em realidade, conduzindo ideias desde o conceito à conclusão. Um projeto é caracterizado por seu objetivo de entregar resultados dentro de condições de tempo e recursos limitados. Nessa direção, cada projeto passa por um ciclo de vida, começando com a concepção e movendo-se pelos estágios de planejamento, execução e, finalmente, conclusão.

> *"Efetivos e bem-sucedidos gerentes de projetos são como mestres de bateria de escola de samba: não precisam saber tocar todos os instrumentos, mas devem obter o melhor de seus especialistas."*
> **Carlos Magno da S. Xavier**

A fase PLAN da Jornada I.M.P.R.O.V.E. representa um projeto de melhoria de um processo.

A gestão de um projeto engloba diversas áreas de conhecimento: integração de processos, definição do escopo, gestão do tempo, otimização de custos, manutenção da qualidade, gerenciamento de recursos humanos, comunicação eficaz, análise de riscos, aquisições estratégicas e interação com todas as partes interessadas. Nossa jornada explora esses tópicos durante seu desenvolvimento.

A cada etapa, o responsável pelo projeto equilibra entradas — que incluem informações, recursos e planos — com as saídas esperadas, sejam elas entregas físicas ou intangíveis. A determinação do escopo do projeto é importante, definindo o que está dentro e fora dos limites do projeto e estabelecendo as bases para o que será entregue. Acompanhando o escopo, a análise e os ajustes na rota asseguram que o projeto permaneça alinhado com suas metas originais, respondendo a variações e desafios conforme surgem.

O sequenciamento das atividades é o coração do cronograma do projeto. É ilustração das tarefas, cronologia e marcos e acompanha o ritmo do trabalho em andamento. O Gráfico de Gantt é uma ferramenta bastante prática, fornecendo uma representação visual do cronograma, com cada tarefa mapeada ao longo do tempo.

Vejamos, como exemplo, o gráfico criado para planejar e monitorar as atividades necessárias para editar e publicar este livro:

	NOME	Q1	Q2	Q3	Q4	Q1	Q2	Q3	Q4	Q1	Q2	Q3	Q4	Q1	Q2	Q3	Q4
1	Pesquisa	███	███	███	███	███	███	███									
2	Escrita							███	███	███	███						
3	Leitura crítica												██				
4	Revisão													██			
5	Diagramação														██		
6	Aprovação															██	
7	Impressão																██

Controle e monitoramento são a chave para manter um projeto no caminho certo. Com a utilização de KPIs e um processo de revisão e ajuste contínuo, os líderes do projeto mantêm a integridade do plano original enquanto acomodam as questões que surgirem.

A gestão de projetos é uma competência que demanda uma combinação de rigor analítico, flexibilidade tática e uma visão clara de como levar um projeto do início ao fim de forma eficaz.

PRÁTICA I.M.P.R.O.V.E.: PLANEJAR

Objetivo da fase: estabelecer um plano robusto e detalhado para a transformação dos processos, visando alinhar as metas organizacionais com as ações práticas, e assegurando uma implementação eficaz e sustentável das mudanças.

Pontos principais:
- Desenvolver um entendimento claro dos processos atuais e identificar áreas críticas para melhorias;
- Estabelecer metas claras e mensuráveis utilizando a metodologia SMART;
- Engajar todas as partes interessadas no processo de planejamento para garantir aceitação e suporte durante a implementação.

Como fazer na prática:
- Defina metas SMART para cada etapa do processo que precisa de melhoria;
- Elabore um cronograma detalhado de implementação, usando ferramentas como 5W2H para visualizar prazos e responsabilidades.

Ferramentas:
- Quadro 5W2H;
- Diagrama de Gantt: para planejar e monitorar o progresso das atividades;
- Técnica SMART: para definir objetivos que são Específicos, Mensuráveis, Alcançáveis, Relevantes e Temporais.

Dicas úteis:

- Reserve tempo adequado para o planejamento para evitar pressa e decisões mal-informadas;
- Mantenha o plano flexível para adaptar-se às mudanças e imprevistos que certamente ocorrerão ao longo do caminho;
- Comunique claramente o plano e as expectativas a todos os envolvidos para garantir alinhamento e comprometimento.

O QUE (WHAT)	POR QUE (WHY)	QUEM (WHO)	ONDE (WHERE)	QUANDO (WHEN)	COMO (HOW)	QUANTO (HOW MUCH)

Utilizando as ferramentas e técnicas descritas, agora é sua vez de elaborar um plano para um projeto de melhoria dentro de sua organização. Lembre-se de que um plano eficaz é um plano em ação, não apenas um documento.

O planejamento não é um pré-requisito para a ação, é uma ação em si mesmo. É aqui que a visão se concretiza, onde as ideias ganham forma e o compromisso se transforma em realidade tangível. Mãos à obra!

Estamos agora armados com um mapa para o futuro. A fase Planejar na Jornada I.M.P.R.O.V.E. está estruturada e com maior probabilidade de alcançar os resultados desejados. É nesse espírito que nos preparamos para a fase de Realize (Realizar) — em que nosso plano encontrará o mundo real e será posto à prova.

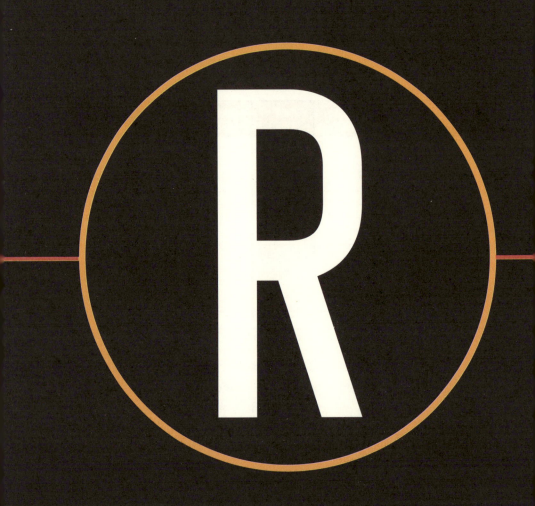

REALIZAR

"Ideias são fáceis. Execução é tudo."
John Doerr

Qualquer jornada de transformação bem-sucedida passa pelo estágio intermediário de realização — uma fase em que a qualidade das estratégias e a tangibilidade das ideias são colocadas à prova.

É um teste de conceitos e planejamento, um exame da real capacidade organizacional de transpor a barreira entre o planejado e o concretizado. É aqui que as visões estratégicas vão enfrentar o julgamento da realidade operacional.

Uma implementação é repleta de incertezas e contratempos, e assim deve ser. Excesso de segurança pode limitar a visão dos implementadores.

COPIAR E COLAR

Duas coisas são certas: a primeira é que antes de agir, é preciso planejar. A segunda é que nem tudo (ou quase nada) vai funcionar conforme planejado. Já vimos inúmeras vezes, tentativas de importar soluções prontas do mercado e implantar nos processos das empresas para resolver problemas locais. Isso se dá devido a uma tentação irresistível de "copiar e colar" soluções aparentemente bem-sucedidas de concorrentes ou parceiros. Tal conduta, frequentemente adotada com a esperança de alcançar melhorias rápidas, é baseada na crença de que as chamadas "melhores práticas" são aplicáveis a qualquer empresa e capazes de gerar resultados positivos em qualquer contexto. Contudo, a realidade, na maioria das vezes que testemunhamos provou o contrário.

Erros são possibilidades reais e inevitáveis. Nesse cenário, é necessário ver a implementação como um campo minado: a primeira estratégia deve ser a cautela ao avançar.

No desejo de implementar mudanças rapidamente, especialmente as "soluções prontas", ignora-se que cada organização é única. As empresas operam em contextos singulares, moldados por suas culturas internas, relações com os clientes, históricos e ecossistemas de mercado. A tentativa de transplantar soluções sem a devida adaptação ao solo específico da organização pode levar a resultados desastrosos. Os principais obstáculos verificados em nossa experiência prática são:

- **Cultura de comando e controle:** muitas implementações de processos falham não por causa da inviabilidade das práticas em si, mas porque a cultura organizacional não permite sua efetiva adoção. Mudanças significativas requerem, além de investimentos financeiros, mudanças comportamentais e operacionais profundas que, muitas vezes, encontram resistência em diversos setores dentro da empresa. Nós, como consultores, já falhamos em implementar mudanças em organizações devido a barreiras de cultura. Em uma estrutura baseada em comando e controle com uma estrutura hierárquica rígida e comportamento centralizador do líder, por exemplo, dificilmente será implementada uma cultura de melhoria contínua baseada na colaboração entre os indivíduos;

- **Desconhecer o valor para o cliente:** outro motivo de falha comum é a incompreensão dos clientes em relação às mudanças implementadas. O que funciona bem para os clientes de um determinado mercado pode não parecer bom para outra base de clientes. Essa diferença pode levar a um declínio na satisfação, afetando negativamente a percepção da marca e, por extensão, o desempenho financeiro. Um exemplo é a adoção generalizada de menus via *QR code* em restaurantes. Embora a ideia reduza custos de impressão e impactos ambientais, apresenta desafios, especialmente para os maiores de 40 anos, que muitas vezes encontram dificuldades para visualizar imagens pequenas devido à presbiopia, uma condição natural do envelhecimento que dificulta a focagem de objetos próximos. Assim, o cardápio que era para ser uma folha A4 acaba por se tornar (muito) difícil de enxergar em telas menores, transformando a escolha do prato em uma experiência frustrante. Se os restaurantes conhecessem seus clientes, poderiam adaptar seus cardápios para telas menores (e não simplesmente digitalizar os cardápios originais) ou buscar alternativas que atendessem melhor às necessidades de todos;

- **Teoria versus Prática:** além de tudo isso, soluções "prontas" podem simplesmente não funcionar conforme o esperado devido a uma infinidade de fatores. Quando criamos um plano de ação para resolver um problema, acreditamos e queremos que ele seja eficaz e funcione exatamente como pensamos, mas fatores não considerados ou desconhecidos no momento do planejamento podem criar desvios ou dificuldades de execução. O que parece ser uma solução eficaz na teoria, muitas vezes, se revela impraticável na complexidade da vida real;

- **Desperdício de talento humano:** copiar uma solução pronta limita as possibilidades para a solução do problema. Certamente existem inúmeras maneiras de tratar um mesmo problema, muitas utilizando recursos já disponíveis no ambiente. Copiar e colar uma solução pode deixar para trás a oportunidade de inovação.

Em 2018, um novo cliente nos contratou para promover uma melhoria nos processos de uma das suas unidades de atendimento aos seus clientes. Nessa operação, bastante complexa, o *service lead time* ou tempo total de serviço era de 26 dias. Após algum tempo, uma Jornada I.M.P.R.O.V.E. completa e dezenas de melhorias, esse tempo caiu para incríveis quatro dias!

Com o sucesso da iniciativa, o CEO da divisão nos convidou para ajudar a melhorar o processo de outro segmento no qual o grupo atuava. Durante a reunião, nos disse: "Não precisa 'inventar nada de novo', basta trazer o que implementaram na outra filial, sem nada de diferente."

Nessa solicitação, porém, nosso cliente não considerou as diferenças de demanda, a quantidade de pessoas, o comportamento dos clientes, a infraestrutura e recursos disponíveis e, tampouco, a predisposição do time para a mudança.

Ao final, esclarecidos esses pontos e ficando claro que precisaríamos percorrer a jornada desde a fase de investigação, aceitamos o desafio e tivemos, juntos, grandes resultados, ainda melhores que na primeira iniciativa.

MUDANÇAS RADICAIS OU PEQUENAS?

Grandes mudanças podem produzir grandes resultados a partir de grandes investimentos, mas trazem também os problemas e riscos associados a elas.

Por outro lado, pequenas mudanças demandam pequenos esforços e investimentos, além de gerar riscos pequenos e controláveis, ainda que o impacto delas isoladamente seja pequeno.

> *"A diferença que uma pequena melhoria pode fazer ao longo do tempo é impressionante. [...] se você conseguir ficar 1% melhor a cada dia durante 1 ano, acabará sendo 37 vezes melhor quando terminar."*
> **James Clear**

No longo prazo, porém, o acúmulo das pequenas melhorias pode ser tão impactante quanto um grande investimento.

A etapa Realize da Jornada I.M.P.R.O.V.E. encara a implementação como uma série contínua de marcos evolutivos, realizando cada fase do processo em busca da meta estabelecida. Compreendemos que o verdadeiro valor não está apenas em atingir resultados imediatos, mas em criar um sistema em que o aprendizado seja constante e cada desvio seja uma lição que alimenta a melhoria contínua. Os líderes de implementação, portanto, são os mediadores entre o ideal e o realizável, por isso, precisam estar presentes durante a evolução da implementação.

Diante dessas considerações, a fase Realizar do método I.M.P.R.O.V.E. deve ser estrategicamente prudente. Implementar o plano em partes menores e prazos mais curtos vai permitir uma adaptação cuidadosa às especificidades organizacionais, minimizando os riscos associados a mudanças grandes e abruptas e auxiliando na aceitação da equipe. Isso favorece um aprendizado contínuo e ajustes progressivos que estarão em sintonia com a cultura da organização, as necessidades dos clientes e as realidades operacionais.

IMPLEMENTAÇÃO

A etapa de realização começa com a identificação das ações planejadas para transformar a cadeia de valor na busca de aproximar e diminuir a diferença entre a cadeia atual e a futura. As primeiras atividades devem ser aquelas cuja mudança vai causar mais impacto. Como já ressaltamos, cada etapa é parte de um sistema maior, criando oportunidades para as mudanças propostas em um ambiente controlado antes de escalar para toda a organização.

Faz algum tempo, em um grande grupo de concessionárias, identificamos uma restrição no processo de orçamento de diagnósticos feitos em campo (na planta do cliente) pelos técnicos. Neste segmento específico, os técnicos costumam ir até as máquinas prestar atendimento no local onde elas operam: minas, fazendas, obras de construção civil. Assim sendo, no caso de uma solicitação de orçamento de reparo, por exemplo, o técnico vai até a máquina e descreve seu diagnóstico num relatório, ainda na operação do cliente, muitas vezes a centenas de quilômetros da concessionária.

Após a Investigação e o Mapeamento desse processo, descobrimos que: após relacionar os serviços e peças necessários, o técnico criava o relatório em um *tablet* e o enviava para o consultor técnico, que solicitava o orçamento de peças para o "vendedor de peças" e precificava os serviços necessários para, então, enviar o orçamento ao cliente. Devido às esperas e trocas de mãos desse processo, esse tempo era de pelo menos 48 horas.

Desenhamos a cadeia futura e, juntamente com o time, propusemos uma mudança no processo, removendo o envio do relatório para o consultor e a redigitação do orçamento por duas pessoas diferentes para envio ao cliente. Nessa visão, o técnico enviaria o orçamento diretamente ao cliente, evitando retrabalho, eliminando o tempo de espera e melhorando a satisfação do cliente.

Essa mudança, porém, implicaria numa mudança no sistema, o que demandaria algum investimento, além de impactar em questões relacionadas, por exemplo, à remuneração. Por isso, antes da mudança de fato, promovemos a fase de Realização. Escolhemos alguns técnicos (dos 116 do grupo, no total) e criamos, com a equipe, o plano piloto de Realização.

Descobrimos, durante o planejamento, uma série de pontos não considerados que poderiam até mesmo inviabilizar a mudança, como as áreas de sombra na cobertura de sinal de internet, impedindo o acesso ao sistema para orçamentação e limitações no sistema. Nos ajustes que são parte da fase de Realização, a equipe gerou um banco de dados que poderia ser acessado offline num Excel, removendo esse obstáculo.

O resultado foi que o cliente passou a receber o orçamento imediatamente após o diagnóstico e a taxa de conversão aumentou consideravelmente, conforme ilustrado a seguir.

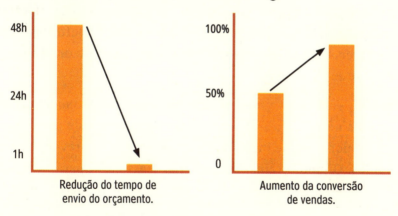

Redução do tempo de envio do orçamento.

Aumento da conversão de vendas.

Enquanto escrevemos este texto, a melhoria do processo segue em procedimento de viabilização para implementar em todo o grupo.

Benefícios da fase Realizar:

- **Flexibilidade:** permite ajustes e refinamentos em tempo real baseados no desempenho observado e *feedback* recebido;

- **Gestão de riscos:** minimiza o impacto de potenciais falhas, limitando-as a áreas específicas, ao invés de afetar a organização como um todo;

- **Aprendizado:** facilita a coleta de informações valiosas sobre o funcionamento do processo e a eficácia das mudanças implementadas;

- **Engajamento:** cria oportunidades para envolver diversos membros da equipe no processo de transformação, promovendo uma sensação de propriedade e responsabilidade compartilhada, o que vai fortalecer a manutenção e sustentação do processo no longo prazo.

ETAPAS-CHAVE DA FASE REALIZAR

1. **Seleção:** definir áreas ou processos que mais se beneficiarão com a implementação inicial. Essa seleção deve ser baseada em critérios claros, como impacto potencial e relevância estratégica;

2. **Preparação e treinamento:** assegurar que as equipes envolvidas estejam preparadas e bem-informadas sobre os objetivos, prazos e suas responsabilidades dentro do projeto. Isso pode envolver sessões de treinamento específicas ou *workshops* para alinhar expectativas;

3. **Implementação e monitoramento:** executar as mudanças planejadas no módulo selecionado, acompanhando de perto o progresso por meio de indicadores de desempenho previamente definidos. O monitoramento contínuo é essencial para identificar rapidamente áreas de sucesso e aspectos que requerem ajustes.

Para garantir a eficácia das ações, e administrar riscos, as ações devem ser divididas em partes menores e implementadas considerando ciclos curtos de teste. Isso é importante, já que um pequeno desvio pode gerar grandes problemas se não contidos rapidamente.

Falando em riscos, vamos entender melhor o que significa e como gerenciá-los.

GERENCIAMENTO DE RISCOS

RISCOS

A palavra "risco" lembra que o terreno sob nossos pés está sempre mudando. No entanto, o risco é um reflexo da vulnerabilidade e da relutância em olhar para o futuro com olhos bem abertos e preparados. É aqui que a importância de uma política de gerenciamento de riscos se torna um item básico, muito importante para um líder.

O risco é frequentemente visto como um inimigo a ser evitado, mas essa visão é limitada e até mesmo perigosa. O risco é, na verdade, uma parte da vida empresarial — e da vida em geral. Ele é o outro lado da oportunidade, o preço da inovação e do crescimento. Ignorar o risco não o faz desaparecer; apenas nos torna cegos a suas complexidades e potenciais impactos.

Uma política de gerenciamento de riscos suporta a estrutura da empresa, permitindo que ela se mova e se adapte sem desmoronar. Implementação de processos sem considerar riscos pode até mesmo tornar vulneráveis as empresas mais robustas, sujeitas às forças que podem surgir tanto de dentro quanto de fora das paredes organizacionais.

Um exemplo disso é o que aconteceu com o caso da Boeing, contado pela Netflix no documentário *Queda livre**. Resultando nos acidentes (e infelizmente, muitas vidas perdidas) com o modelo 737 Max, esse é um exemplo emblemático da importância da gestão de riscos inerentes às mudanças em processos, produtos e sistemas. Este caso revela várias falhas em termos de liderança, cultura organizacional, governança e especialmente na gestão de riscos associados às mudanças técnicas e operacionais.

HISTÓRIA E EVOLUÇÃO

O gerenciamento de riscos é tão antigo quanto a própria civilização. Desde que os primeiros seres humanos se aventuraram a caçar e culti-

---

* Queda Livre: A tragédia do caso Boeing. Direção: Rory Kennedy. Netflix, 2022.

var, eles tiveram que avaliar os riscos associados a essas atividades. Será que a caça valeria o risco de enfrentar um predador? Será que o clima seria favorável para uma boa colheita? Essas eram questões de vida ou morte, e as decisões eram tomadas com base em observações, intuições e, às vezes, um pouco de sorte.

The Croods* é uma animação sobre uma aventura pré-histórica de uma família das cavernas que traz uma boa reflexão sobre gestão de riscos. Na história, a família Crood vive em um mundo pré-histórico repleto de perigos, o que leva o patriarca, Grug, a adotar uma política de aversão ao risco para proteger seus entes queridos. Seu tema era "o medo é o que nos mantém vivos", por isso, evita novas experiências e o desconhecido a todo custo.

No entanto, quando sua caverna é destruída, a família é forçada a embarcar em uma jornada por terras desconhecidas. Guiados pela curiosidade da filha, eles descobrem que a gestão de riscos não se trata apenas de evitar perigos. É necessário avaliar e enfrentar desafios de forma calculada para melhorar suas chances de sobrevivência e encontrar novas oportunidades.

À medida que as sociedades se tornaram mais complexas, o mesmo aconteceu com os riscos que enfrentavam. Com o surgimento das primeiras cidades e estados, surgiram novas formas de riscos, como conflitos, comércio e governança. No entanto, foi realmente com a ascensão do mundo corporativo moderno que o gerenciamento de riscos se transformou em uma disciplina própria.

No mundo de hoje, as empresas enfrentam novos riscos trazidos pela globalização e pela revolução digital, como já vimos acontecer, por exemplo no grande terremoto do leste do Japão em 2011**, uma interrupção em uma fábrica pode afetar toda uma cadeia de suprimentos global.

O gerenciamento de riscos evoluiu de uma série de decisões baseadas em intuição para uma técnica avançada, apoiada por dados

---
* The Croods. Direção: Kirk DeMicco; Chris Sanders. Netflix, 2013.

** Disponível em: https://www.bbc.com/portuguese/internacional-55943220

e análises. Ele se tornou uma parte integrante da estratégia corporativa, ajudando as empresas a navegar em seus mercados com relativa segurança. E, assim como nossos ancestrais que pesavam os riscos antes de sair para caçar, as empresas de hoje precisam usar o gerenciamento de riscos para tomar decisões mais informadas, para se adaptar e para prosperar.

FUNDAMENTOS DO GERENCIAMENTO DE RISCOS

Em sua essência, o risco é definido como a incerteza de um evento ocorrer e, caso ocorra, seu impacto nos objetivos estabelecidos. Os riscos podem ser positivos (oportunidades) ou negativos (ameaças), e a gestão eficaz dos riscos busca maximizar o potencial das oportunidades enquanto minimiza ou mitiga as ameaças.

O gerenciamento de riscos é uma competência estratégica e um diferencial competitivo. A capacidade de identificar, avaliar e responder a riscos pode ser o que separa as empresas que prosperam das que fracassam.

AS ETAPAS DO GERENCIAMENTO DE RISCOS DOS PROCESSOS

1. **Identificação de riscos:** o processo de identificação de riscos envolve o levantamento de possíveis obstáculos, desafios e consequências que podem surgir ao longo do projeto. A identificação é um esforço coletivo que se beneficia da experiência e do conhecimento de toda a equipe;

2. **Análise de riscos:** após a identificação, é necessário analisar cada risco para compreender seu potencial e possíveis impactos. É um esforço para entender quais riscos merecem mais atenção e preparação;

3. **Priorização dos riscos:** com base na análise, os riscos são classificados, por exemplo, por sua gravidade. A priorização ajuda a focar nos

riscos que, se concretizados, podem ter um impacto significativo no projeto. Esta etapa vai ajudar a alocar recursos de maneira eficiente;

4. **Definição dos responsáveis:** para cada risco identificado, é atribuído um responsável. Esta prática garante que haja alguém atento e preparado para gerenciar e mitigar o risco, promovendo uma cultura de proatividade e responsabilidade dentro da equipe;

5. **Resposta ao risco:** desenvolver estratégias de resposta para cada risco é o próximo passo. Essas estratégias podem variar desde ações preventivas até planos de contingência, garantindo que a equipe esteja preparada para agir de forma eficaz caso o risco se materialize;

6. **Monitoramento dos riscos:** o monitoramento contínuo é essencial para garantir que os riscos sejam gerenciados ao longo de todo o projeto. Esta etapa permite ajustes nas estratégias de resposta conforme necessário e ajuda a identificar novos riscos que possam surgir.

A eficácia na gestão de riscos, além das ferramentas ou técnicas, fundamenta-se na cultura da prevenção e no envolvimento e comprometimento da equipe.

TIPOS DE RISCOS

Os riscos podem surgir de várias fontes. Por isso, compreendê-los e categorizá-los é importante para administrá-los eficazmente. De modo geral, os riscos podem ser agrupados em categorias específicas que auxiliam a identificá-los e a desenvolver estratégias para enfrentá-los.

- **Riscos estratégicos:** estão atrelados à visão ampla da organização. Vêm das decisões que determinam o rumo e a direção a serem seguidos. Se uma estratégia mal formulada for adotada, ou se o mercado não reagir como esperado, a organização pode enfrentar dificuldades;

- **Riscos operacionais:** são riscos do dia a dia, aqueles que a empresa enfrenta regularmente em suas operações rotineiras. Uma falha em um sistema de informação, por exemplo, ou um erro humano em um processo pode levar a perdas significativas. Por serem parte de qualquer operação, é fundamental ter controles internos robustos para mitigá-los;

- **Riscos financeiros:** além dos riscos relacionados a variações nas taxas de câmbio e juros, os gestores também enfrentam o risco de crédito, que pode surgir quando uma contraparte falha em cumprir suas obrigações financeiras, e o risco de liquidez, que se refere à dificuldade da empresa em atender suas obrigações de curto prazo por falta de recursos líquidos;

- **Riscos externos:** riscos que estão completamente fora do controle da organização. Desastres naturais, como inundações, podem causar danos físicos à infraestrutura da empresa. Mudanças políticas podem afetar o ambiente de negócios, e crises econômicas podem reduzir a demanda por produtos e serviços. Esses tipos de riscos exigem um planejamento cuidadoso e, muitas vezes, seguros adequados como forma de proteção.

Cada organização precisa avaliar quais riscos são mais pertinentes a seu contexto e desenvolver estratégias específicas para enfrentá-los. Seja por meio de medidas preventivas, de controle ou de transferência, o objetivo final é garantir que a organização continue prosperando, independentemente dos desafios que possam surgir.

Para que o gerenciamento de riscos seja eficaz, é essencial cultivar uma cultura organizacional que valorize a transparência, a comunicação aberta e a aprendizagem contínua.

Os riscos devem ser distribuídos em diferentes alçadas. Pense na sua organização, por exemplo: um teste de um novo processo na recepção do cliente tem um risco baixo e controlado. Essa pode ser uma decisão do gestor do departamento. Já a decisão para a mudança de endereço de uma filial da empresa tem maior potencial de risco, nesse caso a decisão deve ser da área estratégica da empresa.

IDENTIFICAÇÃO E GERENCIAMENTO

Para identificar e gerenciar riscos nos processos, as organizações podem utilizar uma variedade de ferramentas e metodologias. Essas ferramentas fornecem estruturas, técnicas e abordagens para compreender os riscos para a tomada de decisões informadas. Se fôssemos detalhar cada uma delas, seriam necessárias muito mais páginas, então, exemplificamos algumas.

- **Análise SWOT (Strengths, Weaknesses, Opportunities, Threats):** usada para análise estratégica, a SWOT também pode ser uma ferramenta útil para ajudar a avaliar riscos em processos. As forças e fraquezas se referem a elementos internos do processo, enquanto oportunidades e ameaças são fatores externos;

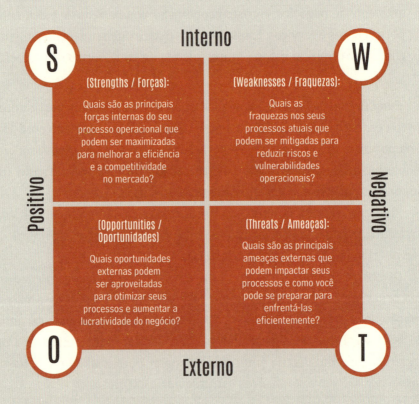

- **Análise de causa raiz:** busca identificar a causa principal dos problemas ao invés de se concentrar apenas nos sintomas. Entender a origem de um risco ou falha em um processo leva as organizações a uma posição melhor para implementar correções eficazes e prevenir recorrências;

- **Diagrama de Ishikawa:** essa ferramenta visual ajuda as equipes a classificarem as possíveis causas de um problema específico, categorizando-as em diferentes grupos principais. É particularmente útil para sessões de *brainstorming* e para entender como diferentes fatores podem contribuir para os riscos;

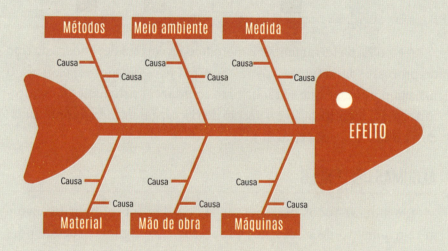

- **Análise dos Modos e Efeitos de Falha:** abordagem sistemática para identificar as possíveis falhas em um processo ou produto e determinar o impacto de cada uma. Ajuda a priorizar riscos com base na combinação de sua probabilidade e gravidade, permitindo que a gestão se concentre nos riscos mais críticos;

- **Matriz de risco:** ferramenta visual que classifica riscos com base em sua probabilidade e impacto. Com ela, pode-se rapidamente identificar quais riscos requerem atenção imediata e quais podem ser monitorados sem urgência.

		CONSEQUÊNCIA				
		DESPREZÍVEL	MARGINAL	MÉDIA	CRÍTICA	EXTREMA
PROBABILIDADE	QUASE CERTO					
	PROVÁVEL					
	POSSÍVEL					
	POUCO PROVÁVEL					
	RARA					

■ Trivial   ■ Aceitável   ■ Moderado   ■ Substancial   ■ Intolerável

A escolha da ferramenta ou metodologia correta dependerá do tipo de processo, da natureza dos riscos e das necessidades específicas. O mais importante é que se tenha uma abordagem sistemática e estruturada para a identificação e a gestão de riscos, garantindo a continuidade e a eficiência dos processos.

ALGUMAS REFLEXÕES

Considerar todos os aspectos abordados sobre identificação e gerenciamento de riscos nos processos traz algumas recomendações que se destacam para que as organizações sejam bem-sucedidas nesse tema:

- **Cultura organizacional:** estabelecimento de uma cultura na qual o gerenciamento de riscos seja valorizado e integrado em todas as atividades diárias. A sensibilização e a formação contínua dos colaboradores são essenciais para criar uma mentalidade voltada à identificação e mitigação de riscos;
- **Avaliação periódica:** implementação de revisões regulares dos processos para identificar novos riscos ou mudanças em riscos existentes.

As condições internas e externas da organização mudam constantemente, tornando essa prática vital;

- **Uso de tecnologia:** adoção de ferramentas e *softwares* especializados para auxiliar na identificação, análise e monitoramento de riscos. Essas ferramentas podem oferecer informações mais detalhadas e fornecer dados em tempo real, otimizando a tomada de decisões;

- **Colaboração:** estímulo à comunicação interdepartamental. Muitas vezes, riscos identificados em um setor podem ter implicações em outro. Uma abordagem colaborativa pode proporcionar uma visão mais holística dos riscos organizacionais;

- **Planos de contingência:** desenvolvimento de um plano de contingência para cada risco identificado. Saber exatamente o que fazer quando um risco se concretiza pode ser a diferença entre uma recuperação eficiente e uma crise prolongada;

- **Feedback contínuo:** manutenção de canais de *feedback* abertos com todos os *stakeholders*, incluindo funcionários, clientes, fornecedores e acionistas. Eles podem oferecer perspectivas valiosas sobre riscos potenciais e áreas de melhoria;

- **Foco na proatividade:** antecipação de riscos ao invés de apenas reagir à medida que surgem. Uma abordagem proativa permite que as organizações se preparem melhor e enfrentem desafios com maior confiança. Deve-se, porém, ter o cuidado de não congelar com medo do risco.

O gerenciamento de riscos ajuda a habilitar o sucesso, especialmente na fase de realização da transformação dos processos, permitindo que as organizações aproveitem oportunidades com confiança e tomem decisões experimentadas e informadas, que impulsionem o crescimento e a inovação. Quando bem executado, o gerenciamento de riscos não é um obstáculo, mas, sim, um facilitador.

PRÁTICA I.M.P.R.O.V.E.:
REALIZAR: MINHA IDEIA FUNCIONA?

Objetivo da fase: testar as mudanças propostas na cadeia de valor futura em um ambiente controlado, permitindo ajustes antes da implementação em larga escala.

Pontos principais:
- monitoramento da realização e coleta de dados sobre o desempenho para avaliar o impacto das mudanças;
- identificação e resolução de problemas e obstáculos emergentes durante a realização.

Como fazer na prática:
- seleção do escopo do piloto: escolha um time, filial ou departamento para realizar o teste: um processo ou parte da cadeia de valor que seja representativa, mas gerenciável;
- preparação e planejamento: defina claramente os objetivos, as métricas de sucesso, o cronograma e os recursos;
- implementação do piloto: execute o teste piloto, seguindo o plano estabelecido e garantindo a coleta de dados;
- avaliação e ajustes: analise os resultados, compare-os com as métricas de sucesso e faça os ajustes necessários.

Ferramentas:
- ferramentas de análise de dados para avaliar o desempenho do piloto;
- recursos de gestão de projetos para planejar e monitorar a execução do piloto;

- sistemas de feedback para coletar impressões dos usuários ou participantes da realização.

Dicas úteis:
- promova o envolvimento da equipe que trabalhará diretamente com as mudanças: isso aumenta o engajamento e a aceitação;
- estabeleça canais claros de comunicação com todos os stakeholders para reportar o progresso e coletar feedback;
- esteja preparado para a flexibilidade: ajustes no decorrer do piloto são comuns e necessários;
- conclua a realização do piloto com uma avaliação clara do impacto das contramedidas.

Todo o processo de realização é, necessariamente, acompanhado, medido e ajustado. Ao final de cada etapa de realização de uma contramedida, poderemos ter algumas possibilidades:

- A contramedida não funciona. Nesse caso, uma investigação localizada deve determinar a causa e definir novas possibilidades;
- A contramedida funciona, mas não atingiu a performance esperada: investigamos mais uma vez as causas e fazemos os ajustes;
- O experimento foi um sucesso: vamos planejar a implementação em larga escala na fase Otimizar, explicada mais adiante.

Após a definição final, um ajuste na cadeia de valor futura pode ser necessário, já que alguns passos planejados podem ter sofrido mudanças.

Com tudo testado, ajustado e medido, podemos seguir para a otimização.

OTIMIZAR

"Uma solução jamais é definitiva e todas as ações são uma contramedida que tenta atacar um problema existente."
Michel Ballé

É para diminuir a possibilidade de fracasso, comum nas iniciativas de implementação, que as etapas são divididas em duas fases: Realizar e Otimizar. Após a fase de realização modular dos pilotos e devidos ajustes, chega-se à etapa Otimização. Essa parte da mudança é dedicada a extrair o máximo valor das contramedidas experimentadas, garantindo que a organização atenda e, quem sabe, supere as expectativas de desempenho e eficiência. Agora, as lições aprendidas são aplicadas em escala para elevar a transformação a novos patamares, adotando a nova prática para todo o setor ou empresa.

Para otimizar o processo nessa escala, é necessário envolver mais equipes e voltar a considerar alguns pontos, como levantamento e análise de dados, que devem oferecer informações importantes sobre o desempenho real versus o esperado, permitindo adaptações. Processos rígidos trazem muito menos possibilidades de sucessos do que processos que consideram variabilidades comuns a eles.

MONITORAMENTO E CONTROLE: A "MIOPIA GERENCIAL"

A "miopia gerencial" é uma realidade com a qual a maioria dos gestores se deparam, limitando significativamente a sua capacidade de compreender e avaliar efetivamente suas equipes e os resultados por elas produzidos. Essa visão restrita, muitas vezes focada apenas nos KPIs financeiros de curto prazo ou em uma parte dos processos, impede que os líderes identifiquem problemas mais amplos que afetam a performance de suas equipes. Essa ausência de uma visão holística e integrada dos processos e dos resultados alcançados, por parte das pessoas envolvidas, leva a decisões limitadas que podem comprometer a eficiência, a inovação e a satisfação no trabalho, além de minar a capacidade da organização em se adaptar e prosperar.

Certamente, é tentador focar em KPIs financeiros, afinal, lucro e retorno sobre o investimento, conhecido como ROI, são o termômetro do sucesso de uma organização. No entanto, a gestão puramente financeira, como é comum acontecer, pode criar uma ilusão perigosa: a de que "tudo está bem" quando, na realidade, problemas operacionais críticos estão se acumulando sob a superfície.

Há pouco tempo, uma empresa nos chamou para ajudar a analisar um problema: seu *market share*, ou participação no mercado, caiu de 18% para 3% sem aviso prévio. Durante os trabalhos, notamos que o time de venda era 100% reativo, ou seja, respondia às demandas que chegavam até eles e isso era suficiente para chegar a suas metas, que garantiam os 18% de *market share*. O que não estava nesse número era o tamanho do mercado, quanto do mercado o time efetivamente tinha acesso ou a taxa de cobertura, as políticas e movimentações da concorrência, entre tantos outros fatores relevantes para o negócio.

Essa "miopia" levava a decisões desinformadas, processos ruins e, inclusive, a crises que poderiam ter sido evitadas. Quando a única coisa que se mede é o resultado financeiro, perde-se a oportunidade de entender e otimizar os processos que levam a esses resultados. Pior ainda, só se percebe que algo está errado quando é tarde demais, como nesse caso de perda de participação no mercado. Ainda que se possa recuperá-la, as vendas já executadas pelos concorrentes jamais poderão ser recuperadas.

A FALÁCIA DOS KPIS FINANCEIROS

O foco em KPIs financeiros tem raízes na história da gestão empresarial. Desde os primórdios da revolução industrial, o sucesso de uma empresa é medido principalmente em termos financeiros. O resultado é um sistema que prioriza resultados financeiros de curto prazo, muitas vezes em detrimento da saúde operacional e estratégica de longo prazo da organização.

KPIs financeiros, como lucro líquido, margem bruta e retorno sobre o investimento são métricas de resultado, não de processo. Podem mostrar o quanto uma empresa é lucrativa, mas não "como" o faz. Significa que problemas operacionais, como ineficiências, estoque ou mau atendimento ao cliente podem ser mascarados por resultados financeiros aparentemente saudáveis.

Os resultados da organização podem não estar vindo por mérito de seus processos, mas apesar deles. Ao invés de serem um catalisador para o crescimento e eficiência, esses processos podem estar atuando como barreiras que a empresa consegue superar temporariamente para gerar receita. Quando os KPIs financeiros começam a mostrar um desempenho ruim, geralmente é um sinal de que os problemas operacionais já estão enraizados e podem ser difíceis de corrigir rapidamente.

PROPÓSITO, REMUNERAÇÃO E KPIS

O foco em KPIs exclusivamente financeiros também afeta o comportamento das pessoas. Quando a remuneração e os bônus são atrelados exclusivamente a metas financeiras, as pessoas têm pouco incentivo para se concentrar em cumprir e melhorar os processos. Isso leva a decisões que maximizam o resultado do mês, mas prejudicam a empresa a longo prazo.

O mesmo carro que demos como exemplo na introdução deste livro é uma fonte inesgotável de exemplos para os temas que tratamos aqui. Nossa audiência sempre nos diz que mantemos a posse desse veículo como combustível para enriquecer nossas palestras e interações! Talvez isso seja verdade...

Há alguns dias, ele foi levado para a concessionária mais próxima para a revisão dos 30 mil km. Relatamos três problemas além da manutenção periódica:

- Uma calota perdida;
- Uma alavanca do banco quebrada;
- Palhetas do limpador ruins.

O consultor técnico, ao invés de dar o preço dos itens requeridos, tentou nos vender uma série de serviços adicionais que não foram solicitados e, para espanto geral, não eram recomendados pela montadora. O valor desse orçamento foi de R$ 2.900,00. Não foi aprovado, obviamente, e o carro seguiu sem calota e com a alavanca do banco quebrada — e sem o orçamento desses itens, já que a empresa não nos enviou. Mais tarde, descobrimos que o preço dos itens de que precisávamos equivalia com o dos "itens adicionais" que nos ofereceram, ou numa linguagem mais sincera, "nos tentaram empurrar".

> *"Qualquer empresa que está numa situação na qual constantemente tem de recorrer a todo tipo de concursos, promoções e prêmios para manter-se produtiva está manipulando seu pessoal em vez de motivá-lo."*
> Jason Jennings

Após nossa obrigatória investigação, descobrimos que a remuneração do consultor estava atrelada aos serviços adicionais que deveria vender e não à resolução do problema do cliente, como seria esperado de acordo com o propósito daquela companhia. Do ponto de vista do "consultor técnico" dessa empresa, os itens de que o cliente precisava eram secundários e sua comissão por eles era menor. Esse exemplo ilustra como um foco em KPIs puramente financeiros leva a processos que prejudicam a experiência do cliente e, consequentemente, a saúde operacional da empresa, o que nos leva a uma boa reflexão.

OS KPIS OPERACIONAIS

Se os KPIs financeiros são o "o quê", os KPIs operacionais são o "como". Eles fornecem informações sobre o desempenho dos processos que afetam os resultados. KPIs de processo incluem métricas como *lead time* (tempo total de produção), tempo de ciclo, *takt time* (ritmo necessário de produção), taxa de defeitos, tempo de resposta e satisfação dos clientes e funcionários, entre outros. Ao contrário dos KPIs financeiros, os operacionais são proativos; permitem identificar problemas em tempo real e tomar medidas corretivas antes que esses problemas se tornem crises, como no caso da queda de participação de mercado relatado anteriormente.

O monitoramento diário de KPIs de processo representa uma mudança radical para a gestão tradicional. Aqui o gestor sabe, a cada momento, se um processo está funcionando ou se precisa de ajustes. O monitoramento de processos envolve várias etapas:

- **Identificação:** definir os KPIs mais relevantes para o processo em questão, aqueles que podem mudar o resultado do dia e, consequentemente, do mês, do ano...

- **Coleta de dados:** utilizar ferramentas de monitoramento em tempo real para coletar dados, como a gestão visual e *dashboards* de gerenciamento diário. Nas fábricas, por exemplo, os painéis indicam o *takt time*, a meta de produção, a quantidade produzida até o momento e os problemas do processo. Somente o necessário para exigir atuação em tempo real do time;

- **Análise:** avaliar os dados para identificar tendências, gargalos e ineficiências. Os dados indicarão necessidades de intervenção quando monitorados em tempo real;

- **Ação:** determinar estratégias para lidar com os desvios levantados por esses dados;

- **Revisão:** revisar regularmente os KPIs para garantir que eles continuam relevantes para o processo.

PARA QUE SERVE MEDIR PERFORMANCE?

Quando solicitamos aos gerentes uma lista de suas atribuições, invariavelmente surge "acompanhamento dos indicadores". Mas o que isso significa na prática? Visitamos uma empresa que nos apresentou um KPI de tempo total de um processo. Apesar de a meta ser de cinco dias, o gráfico apresentava um desempenho de 16 dias ao longo de todo o ano. O que chamou nossa atenção durante a apresentação foi a postura passiva dos gestores, que pareciam consolados com o indicador: "Este ano não conseguimos reduzir o tempo desse processo", disseram.

Durante nossa provocação, argumentamos: medimos a temperatura de uma criança quando nos parece que está 'mais quente que o normal'. Se essa temperatura estiver acima de 37,8 ºC, temos um problema. Normalmente, nesse caso, os responsáveis têm poucas possibilidades: levá-la ao médico ou, antes, tomar medidas para baixar a temperatura. A única atitude que não tomarão é não fazer nada.

Da mesma forma, ao sinal de desvios entre o esperado e o alcançado mostrado pelos números, alguma ação precisa ser tomada buscando a correção da causa do desvio.

Reagir sempre ao menor sinal de desvio do indicador aproxima a empresa de seus objetivos.

PROCESSOS LEVAM A RESULTADOS

Os KPIs operacionais têm um impacto direto nos KPIs de resultado financeiro. Por exemplo, reduzir o *service lead time* pode levar a um aumento na produção, o que, por sua vez, vai melhorar a receita. Da mesma forma, melhorar a satisfação do funcionário pode levar a uma maior retenção de talentos, o que reduz os custos de contratação e treinamento.

> *"Resultados-chave expressam objetivos mensuráveis, que, se alcançados, auxiliarão no alcance do(s) objetivo(s) de uma maneira útil."*
> *John Doerr*

É importante, porém, entender que essa relação não é apenas linear: é também dinâmica. Os KPIs operacionais e financeiros devem ser monitorados e ajustados continuamente para refletir mudanças no ambiente de negócios, nas prioridades estratégicas e nas necessidades dos clientes.

Para não apenas tratar o sintoma, mas também curar o problema causador dele, permitindo que sua organização opere de forma mais eficiente e eficaz, é necessário mudar o foco da gestão de métricas, que representam apenas sintomas, para métricas que representam causas. Vamos dar um exemplo de um KPI organizacional frequentemente ignorado pelos gestores, o *service lead time*.

SERVICE LEAD TIME

O IMPACTO NA DISPONIBILIDADE

Quando o cliente precisa de um serviço de manutenção ou reparo em um bem, há duas informações principais que busca saber: qual o preço e quanto tempo demora para entregar o serviço. Se for um bem de primeira necessidade, ou uma restrição de sua linha de produção, provavelmente, pagará mais para ter o equipamento funcionando em menos tempo.

Um dos autores deste texto teve o monitor do seu *laptop* danificado por acidente. Usar o *laptop* é essencial para o trabalho dele, então ficar sem não era uma opção. Na assistência técnica, disseram que tinham a peça para o conserto em estoque, mas precisariam de uma semana para fazer a troca. Quando perguntou se o conserto demoraria todo esse tempo, o atendente explicou que o trabalho levaria apenas uma hora e meia. O autor então sugeriu levar o *laptop* apenas no dia do conserto, já que conseguia usar o computador mesmo com a tela danificada. Porém, foi informado que não poderia fazer isso e acabou ficando uma semana sem o computador. Isso levanta uma pergunta: por que reter um equipamento que precisa de tão pouco tempo para ser reparado por uma semana inteira?

Vamos, então, refletir sobre o que como medir o processo para entender onde o tempo está sendo gasto.

UPTIME

Uptime é o nome dado à taxa de disponibilidade, um indicador-chave de desempenho essencial para qualquer empresa que dependa de equipamentos, máquinas, sistemas ou veículos. Esse KPI reflete o tempo que o equipamento está disponível para uso e a confiabilidade desse ativo. Tem papel vital na sustentação de uma estratégia centrada no sucesso do cliente: para gestores e proprietários de ativos, a taxa de *uptime* é um fator decisivo na avaliação e seleção de equipamentos ou sistemas e influencia diretamente a decisão de compra.

Para mensurá-lo, calcula-se a proporção do tempo em que o equipamento esteve operacional em relação ao período total considerado. A fórmula é simples: subtrai-se do tempo total o período de parada para serviços ou esperas.

A análise do *uptime* como KPI é frequentemente subestimada, especialmente quando se considera o impacto direto que tem na produtividade e na satisfação do cliente. A negligência em monitorar e otimizar o *uptime* pode levar a interrupções desnecessárias.

Para ilustrar o conceito de *uptime* e sua importância, vamos analisar o caso do *laptop*, mencionado anteriormente.

Considerando um período total de 30 dias, com o *laptop* indisponível por 8 dias, subtraem-se os dias de indisponibilidade do total de dias no período, o que resulta em 22 dias de disponibilidade. Portanto, o *uptime* do *laptop* seria de 22/30, ou aproximadamente 73%.

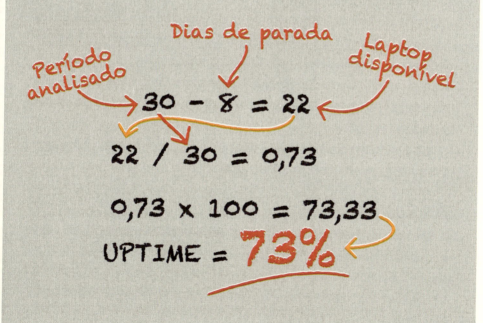

Esse exemplo ilustra claramente como um baixo *uptime* pode ter consequências significativas. Equipamentos que estão frequentemente indisponíveis atrasam a produção ou os serviços e levam à insatisfação do cliente e perda de receita.

DOWNTIME

Oposto de *uptime*, o *downtime* representa o período em que um equipamento, máquina ou sistema não está operacional e, portanto, indisponível para uso. No exemplo citado, o *downtime* do computador corresponde a 27% do tempo total, um indicador significativo que merece atenção. As causas mais comuns para o *downtime* incluem manutenção programada e falhas inesperadas.

A eficácia das operações de pós-venda é um fator determinante na minimização do *downtime*. A rapidez e a qualidade do serviço pós-venda dependem de múltiplos fatores, como a gestão eficiente do estoque de peças de reposição, a prontidão e a habilidade da força de trabalho, a qualidade e a disponibilidade das ferramentas necessárias, entre outros.

Além desses elementos, o dia a dia das empresas é composto por uma série de eventos e tempos de espera que podem afetar significativamente o tempo de atendimento. Essas ocorrências são especialmente inerentes ao setor de serviços e, muitas vezes, passam despercebidas ou não são devidamente mensuradas, apesar de seu impacto substancial no aumento do *downtime*, afetando até mesmo as demandas mais simples.

Para o cliente, o *downtime* é diretamente proporcional à eficiência da empresa em atender à sua demanda.

SERVICE LEAD TIME

O *lead time* representa o intervalo total desde o momento da solicitação do cliente até a entrega completa, incluindo a conclusão de todas as ações relacionadas.

O *service lead time* é o período que se estende desde a solicitação de atendimento pelo cliente até a conclusão do diagnóstico, manutenção ou reparo, e a finalização de todos os procedimentos documentais. Por exemplo, no reparo pós-acidente de um veículo, o *service lead time* é calculado a partir da notificação do cliente sobre a necessidade de serviço até a entrega do automóvel reparado, o encerramento da ordem de serviço e o processo de faturamento.

Apesar de ser um indicador ignorado pela maioria das empresas de serviço, esse indicador é um dos mais significativos para avaliar a performance, sendo essencial que todos os envolvidos no setor estejam cientes de sua importância. A medição desse KPI requer o registro de marcos específicos ao longo do processo, identificando o início e o término de cada uma das etapas que compõem o serviço completo. Como exemplo, veja, no infográfico a seguir, os registros vitais em uma concessionária automotiva:

TEMPO DE CICLO

O tempo de ciclo, ou *cycle time*, mede uma etapa individual do processo. Esse indicador serve para avaliar a eficiência de cada passo, proporcionando dados sobre a performance operacional.

Ao contrário do *service lead time*, que abrange o tempo total desde a solicitação do cliente até a entrega final do serviço ou produto, o tempo de ciclo concentra-se exclusivamente no período ativo de trabalho em uma tarefa. Ele começa quando a execução da tarefa se inicia e termina quando a tarefa é concluída, desconsiderando qualquer tempo de espera ou inatividade que possa ocorrer antes ou depois.

A precisão na medição do tempo de ciclo é obtida por meio da coleta de dados detalhados durante a execução do trabalho. Em um ambiente de produção, por exemplo, medimos o tempo desde que uma peça é colocada na linha de montagem até o momento em que ela está pronta para o próximo passo. Já no setor administrativo, para a aprovação de pedido de compras, por exemplo, o tempo de ciclo para essa tarefa começa quando o pedido de compra é recebido pelo departamento e termina quando a ordem de compra é aprovada e o pedido está pronto para ser enviado ao fornecedor.

Conhecer e entender o tempo de ciclo é necessário para a análise da eficiência dos recursos e para a tomada de decisões informadas pelos líderes de equipe. Ele permite identificar gargalos e restrições que retardam a produção ou o serviço, sobrecarga em funções específicas e outros problemas operacionais que podem não ser imediatamente aparentes, mas que têm impacto significativo no tempo total de entrega e na qualidade do serviço ao cliente.

TAKT TIME

Takt time refere-se ao ritmo de produção necessário para atender à demanda do cliente, determinando o intervalo em que cada produto ou serviço deve ser finalizado. Para calcular o *takt time*, divide-se o tempo de trabalho disponível pela demanda do cliente no mesmo período. Por exemplo, se uma empresa opera por 480 minutos diários e a demanda é de 240 serviços, o *takt time* resultante é de 2 minutos por serviço.

Se uma tarefa ultrapassa o *takt time* estabelecido, isso sinaliza a presença de gargalos no processo que precisam ser corrigidos. Idealmente, todas as tarefas devem ser alinhadas ao *takt time*, assegurando um fluxo de trabalho contínuo sem ociosidade ou sobrecarga, mantendo a produção em harmonia com as necessidades dos clientes.

TEMPO DE ESPERA

É a fase em qualquer processo em que ninguém está produzindo nada. Inicia-se imediatamente após a conclusão de uma tarefa e se estende até o começo da próxima. Embora seja um tipo de desperdício evidente, frequentemente passa despercebido, escondido na rotina diária ou camuflado pelos sistemas digitais que reproduzem ineficiências de processos mal estruturados.

A importância de medir o tempo de espera está em sua capacidade de revelar problemas que impactam no *lead time* e, de outra forma, permaneceriam ocultos.

Os tempos de espera não são apenas um desperdício isolado; eles desencadeiam uma série de outros desperdícios, como acúmulos de estoque, transporte desnecessário e movimentação excessiva. Cada um desses fatores contribui para a lentidão do processo e, também, para o aumento dos custos operacionais.

Para o cliente, o tempo de espera é a soma de todas as inatividades ao longo do processo, como que ele o percebe. Portanto, o que pode parecer ser uma série de pequenas demoras durante o processo, acumula-se em uma espera considerável para o cliente, afetando diretamente sua satisfação e a percepção de valor da empresa.

NA PRÁTICA

Para exemplificar, vamos citar o caso real do cliente que precisou levar seu carro a uma concessionária para realizar a revisão programada. Esperava uma rotina simples: entregar as chaves, aguardar o serviço e retomar sua rotina com o carro em perfeito estado. O que se desdobrou, no entanto, foi uma experiência reveladora sobre o uso do tempo em serviços de manutenção.

No horário agendado, o que deveria ser uma simples revisão transformou-se em um estudo de caso sobre eficiência operacional, sendo o carro devolvido apenas no final do dia.

O *lead time* foi de 410 minutos. Esse número reflete a duração total do serviço do ponto de vista do cliente. Dentro desse intervalo, o tempo efetivamente gasto no serviço técnico — o tempo em que o valor foi agregado ao cliente — foi de apenas 68 minutos. Esse foi o período em que o carro estava sendo efetivamente revisado e melhorado. A maior parte do *lead time* foi de tempo de espera: 250 minutos. Isso indica que, durante a maior parte do tempo, o carro estava parado, sem receber nenhum serviço.

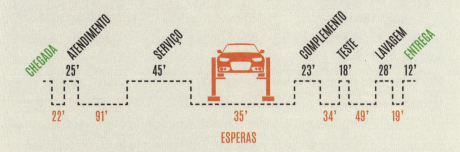

Os dados revelam uma grande oportunidade para a empresa: para começar, reduzir os tempos de espera. Assim poderiam, além de melhorar a experiência do cliente, aumentar a eficiência operacional e a capacidade de atendimento.

Este exemplo ilustra a importância de uma análise detalhada do *service lead time*. Se entenderem onde o tempo é gasto, podem implementar mudanças para garantir mais tempo investido em criar valor e menos tempo gasto em desperdícios.

Ao confrontar os dados de *lead time* com a realidade vivida diariamente pelos profissionais que estão imersos no processo, uma verdade vem à tona: mesmo os mais experientes entre nós podem se surpreender com o tempo do cliente que é consumido por esperas desnecessárias. Essa revelação não é um chamado à ação para se olhar mais de perto para o *lead time* de uma empresa.

Para ilustrar a universalidade desse fenômeno, vejamos o infográfico a seguir com exemplos que medimos de outros segmentos, observando que a disparidade entre o tempo de tarefa e o tempo de espera é tão evidente quanto chocante:

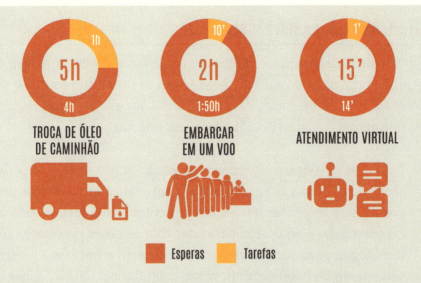

Para o cliente que aguarda um serviço, cada minuto de espera é um minuto perdido, traduzindo-se em insatisfação e prejuízo. Uma organização que tem propósito claro em criar valor ao cliente deve buscar incessantemente a eficiência, visando entregar seus serviços com a máxima agilidade, eliminando desperdícios e minimizando tempos ociosos.

Do ponto de vista empresarial, a ineficiência se manifesta de muitas maneiras: custos elevados, clientes insatisfeitos e impactos negativos que vão desde o fluxo de caixa até o aumento de riscos operacionais.

O *service lead time* é um indicador crítico que revela ineficiências ocultas nas operações diárias. Sua análise criteriosa pode levar a uma série de melhorias, refletindo positivamente tanto na satisfação do cliente quanto na robustez operacional da empresa, culminando em um aumento do *uptime*.

O desafio inicial é estabelecer um sistema eficaz de coleta de dados e manter a disciplina de monitoramento contínuo. A partir disso, ações corretivas pontuais devem ser implementadas e uma análise aprofundada dos problemas recorrentes deve ser realizada. O gerenciamento diário é parte desse sistema, como veremos mais adiante.

OTIMIZANDO EM LARGA ESCALA

Depois de determinar os KPIs que vão ajudar a monitorar as melhorias pilotadas na fase Realizar, chega a hora de Otimizar o processo em uma nova escala, na busca da multiplicação dos ganhos comprovados na fase anterior. Alguns desafios para essa fase são:

- **Capacitação e desenvolvimento de equipes:** não se deve ter a ilusão de que todos vão entender e pôr em prática as mudanças propostas, mas assegurar que as equipes entendam a ideia e estejam bem treinadas e equipadas para lidar com os novos processos e/ou tecnologias pode ser a diferença entre sucesso e fracasso. O desenvolvimento de habilidades deve ser contínuo para acompanhar as mudanças e inovações;

- **Integração e sincronização de processos:** é preciso garantir que os processos otimizados estejam perfeitamente integrados e sincronizados em toda a cadeia de valor. Isso minimiza gargalos e maximiza o fluxo de valor para o cliente.

Lembramos que qualquer alteração numa parte do processo impactará direta ou indiretamente outras partes dele; então, todas as possibilidades precisam ser consideradas. Diferentemente da fase de Realização, na fase de Otimização da Jornada I.M.P.R.O.V.E., é preciso considerar o impacto, tempo e custo de uma implementação em larga escala. Uma ótima base para começar são os dados coletados até aqui, além do desenho atualizado da cadeia de valor futura.

Na etapa Realizar, adaptamos e improvisamos recursos para validar ideias e possibilidades. Já na fase Otimizar vamos promover mudanças no funcionamento dos sistemas, incluindo os de gestão e controle.

Na realização do piloto que ilustramos há pouco, no qual conseguimos reduzir o *Service Lead Time*, a fase de Otimização incluiu:

- **Expansão da solução:** implementamos a solução otimizada de orçamentação em todas as filiais, ajustando-a conforme necessário para lidar com variações regionais ou de mercado;

- **Avaliação de impacto:** realizamos análises do impacto da nova solução na satisfação do cliente, no tempo de resposta de orçamento e na eficiência operacional;

- **Treinamento e suporte:** desenvolvemos programas de treinamento específicos para as novas ferramentas e processos, garantindo que a equipe estivesse sempre atualizada e capaz de utilizar os recursos ao máximo;

- **Feedback:** estabelecermos canais de *feedback* robustos com clientes e técnicos para coletar informações que pudessem levar a futuras melhorias na solução.

A fase Otimizar na Jornada I.M.P.R.O.V.E. amplifica as melhorias, aplicando as lições aprendidas e refinando os processos para maximizar o valor e a eficiência em toda a organização.

Otimizar é o processo de ajuste fino, em que os KPIs determinados anteriormente se tornam a referência, indicando o sucesso das iniciativas e apontando onde ajustes são necessários. A chave aqui é a análise e a resposta aos indicadores qualitativos e quantitativos.

A otimização em larga escala é o que traz a transformação para a vida diária da organização, mas é fundamental não subestimar a complexidade dessa expansão. Cada processo e cada equipe que se engaja na otimização precisam estar alinhados com os objetivos estratégicos e completamente integrados na nova forma de trabalho.

Uma das maiores armadilhas nesta etapa é assumir que os sucessos em pequena escala podem ser simplesmente replicados em maior escala. A realidade é que os desafios se amplificam e novos problemas surgirão. Por isso, a otimização requer uma gestão cuidadosa e bem considerada, que olhe além dos números e veja as pessoas, os processos e o propósito.

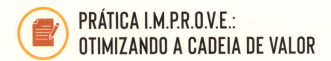

PRÁTICA I.M.P.R.O.V.E.: OTIMIZANDO A CADEIA DE VALOR

Objetivos da fase:
- aplicar as melhorias testadas na fase de Realizar em escala, otimizando o processo global;
- validar o impacto das melhorias nos KPIs operacionais e financeiros;
- identificar e integrar novas oportunidades de melhoria contínua.

Pontos principais:
- avaliação dos resultados do piloto para identificar as práticas mais eficazes;
- desenvolvimento de um plano de implementação para aplicar as melhorias em larga escala;
- ajuste e personalização das soluções com base nas diferentes necessidades e contextos das áreas da organização.

Como fazer na prática:
- análise dos resultados do piloto: reúna todos os dados, feedbacks e aprendizados do piloto para identificar o que funcionou melhor e por quê;
- desenvolvimento do plano de otimização: com base na análise, crie um plano detalhado para aplicar as melhorias em outras áreas, considerando os recursos necessários, cronogramas e potenciais desafios;
- implementação gradual e monitorada: crie um cronograma e inicie a otimização das melhorias selecionadas em áreas

adicionais, monitorando de perto o progresso e ajustando o plano conforme necessário;
- Comunicação e treinamento: assegure que todos os envolvidos estejam informados sobre as mudanças e treinados para aplicá-las corretamente.

Ferramentas:
- recursos de gerenciamento de projetos para planejar e acompanhar a implementação;
- sistemas de gestão de mudanças para facilitar a transição e garantir o alinhamento com os objetivos da organização;
- plataformas de treinamento e desenvolvimento para educar a equipe sobre as novas práticas.

Dicas úteis:
- mantenha o foco nos benefícios a longo prazo e na sustentabilidade das melhorias implementadas;
- envolva líderes e gestores no processo de otimização de modo a facilitar a adoção e o comprometimento em toda a organização;
- use histórias de sucesso e dados concretos do piloto para motivar e convencer outras partes da organização a adotarem as mudanças.

Otimizar em larga escala é o momento de capitalizar sobre o sucesso do piloto, ampliando os ganhos e solidificando a cultura de melhoria contínua. Isso exige um trabalho cuidadoso, considerando a variabilidade entre diferentes áreas da organização e garantindo que as mudanças sejam adaptáveis e sustentáveis.

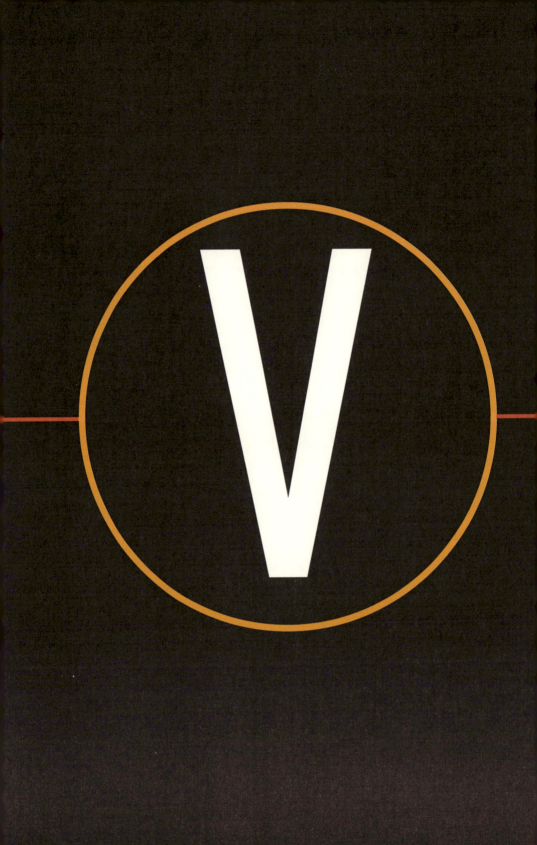

VISUALIZAR

"O ponto é que um processo está retrocedendo ou sendo melhorado, e a melhor e talvez única maneira de impedir o retrocesso é continuar melhorando, mesmo que apenas em pequenos passos."

Mike Rother

Não existe processo estável. Ou está melhorando, ou está piorando. Por isso, necessariamente, precisamos voltar ao processo para ver regularmente se o que deveria estar ocorrendo é o que ocorre de fato. Além disso, apenas manter um processo, ainda que seja bom, significa ficar para trás, num mercado onde os concorrentes sempre estão sempre melhorando.

A fase de visualização visa buscar entender como estão os ganhos adquiridos nas etapas anteriores e verificar se os processos funcionam como esperado. Esta é uma das tarefas mais desafiadoras que enfrentamos como líderes: enxergar se as coisas funcionam como esperamos que funcionem. Independentemente de quão bem um processo tenha sido desenhado, sua eficácia real é determinada pela forma como é implementado, mantido, monitorado e melhorado ao longo do tempo.

Alguns pontos importantes para a visualização dos processos são:

- **Monitoramento contínuo:** é capital para a manutenção de processos. Corresponde à verificação regular do desempenho do processo em relação aos padrões definidos, garantindo que eles estejam sendo seguidos e buscando identificar quaisquer desvios;

- **Ciclo de feedback:** um componente-chave desse monitoramento é a capacidade de receber e agir com base em *feedbacks*. Isso pode vir tanto de métricas quantitativas quanto de informações qualitativas da equipe e dos clientes. Destacamos a importância de ciclos de *feedback* curtos e ajustes ágeis;

- **Treinamento e desenvolvimento:** processos são executados por pessoas, e o investimento contínuo em treinamento garante que os membros da equipe estejam bem equipados para executar suas tarefas com eficiência e eficácia. Isso também serve para alinhar os membros da equipe com quaisquer mudanças ou atualizações no processo;

- **Avaliações:** é vital realizar checagens e avaliações formais dos processos periodicamente, sempre com o conceito de *Gemba* em mente: ir ao local real e ver com seus próprios olhos. Tal procedimento oferece uma visão sobre o estado geral de um processo, permitindo uma compreensão de sua saúde e identificando desvios e áreas para foco de melhoria;

- **Compromisso da liderança:** a sustentação bem-sucedida de processos requer o compromisso da liderança. Os líderes devem estabelecer uma cultura em que os padrões são respeitados, a melhoria contínua é valorizada e os membros da equipe são encorajados a levantar problemas e trazer sugestões.

A Visualização e validação regular de processos é uma etapa frequentemente tratada somente em eventos isolados, por exemplo, em auditorias periódicas. No entanto, essa é uma armadilha. Processos não podem ser esquecidos e devem ser visitados periodicamente porque não são estáticos: são entidades vivas e mudam diariamente conforme o ambiente, como vimos no início deste livro. Eles precisam de cuidado e verificação constantes. Precisam de monitoramento e vão melhorar (ou piorar) a partir dos problemas que surgirem. E sem dúvida alguma, problemas vão surgir!

Como vimos no início deste livro, um dilema que está presente em todas as organizações é a transformação orgânica dos processos. A evolução natural, quase autônoma, faz com que os processos se transformem com o tempo, quase como um organismo vivo, e traz consigo também o risco da desordem, da ineficiência e até mesmo do caos. Sem algum grau de acompanhamento, os processos podem se tornar tão "orgânicos" que se tornam incontroláveis quando a cultura das pessoas se sobrepõe à cultura da empresa. Vemos isso acontecer nas sociedades onde o estado não está presente: organizações paralelas proveem diversas "soluções", criando a sensação de segurança e proteção e levando as pessoas a admirarem e defenderem essas entidades, muitas vezes, criminosas. Mas isso pode ocorrer em uma empresa também.

Então, como equilibramos essa equação delicada entre controle e liberdade, entre risco e recompensa? Não há uma resposta única ou simples: a solução passa por abraçar a complexidade e a incerteza, ao invés de tentar eliminá-las. Isso significa aceitar que a gestão é um ato contínuo de equilíbrio, um exercício constante de ajustes e readaptações. Não é suficiente implementar um processo e considerar a tarefa feita. É preciso visualizá-lo, monitorá-lo, avaliá-lo e, mais crucialmente, estar disposto a ajustá-lo ou até mesmo desmantelá-lo se ele não servir mais a seu propósito.

A Visualização regular dos processos, longe de ser uma "caça às bruxas", como ocorre normalmente nas auditorias, buscando erros e culpados, é uma oportunidade de reflexão e aprendizado. É um momento para fazer perguntas como: esse processo serve a nossos objetivos? Ele é necessário? Ele é eficiente? Ele é escalável? E, talvez, a mais importante: Ele está nos levando onde queremos ir como empresa? Se não, por quê?

Dessa forma, a Visualização dos processos nos força a confrontar algumas das questões sobre o que significa gerir uma empresa, ou mesmo o que significa ter sucesso. E, talvez, ao confrontar essas questões, seja possível ter uma compreensão mais profunda de nós mesmos, como líderes e como parte de uma organização.

> *"Tornar o trabalho visível é uma das coisas mais fundamentais que podemos fazer para melhorar nosso trabalho, porque o cérebro humano é projetado para encontrar padrões e estruturas que deem sentido no que é percebido através da visão."**
> **Dominica DeGrandis**

Cada processo em uma organização é como um elo na cadeia que entrega valor e traz resultado. Se um desses elos se torna fraco, toda ela é comprometida. Como menciona Elyahu Goldratt em *A meta*: "A cadeia é tão forte quanto o elo mais fraco." Assim, cada processo contribui para a eficácia geral da cadeia de valor. Mas como monitorar a eficácia e controlar a qualidade dos processos?

GESTÃO VISUAL

A gestão visual surge como uma abordagem poderosa para enfrentar essa complexidade, oferecendo uma maneira intuitiva e eficaz de entender, comunicar e melhorar os processos organizacionais.

---

* Tradução livre dos autores.

A gestão visual é uma cultura de liderança que coloca a comunicação e a compreensão no centro da gestão de processos. Tornar as informações visíveis e de fácil acesso ajuda as organizações a identificar gargalos, reduzir desperdícios e melhorar a colaboração, fatores essenciais para a sustentabilidade de qualquer processo.

DEFINIÇÃO E PROPÓSITO

A gestão visual é um conjunto de técnicas e ferramentas que se baseiam na utilização de *design*, cores, formas, sinais, entre outros elementos visuais, para comunicar informações, orientações e diretrizes de maneira intuitiva e eficaz. Ela visa tornar os ambientes de trabalho mais claros, eficientes e autoexplicativos.

No contexto dos processos, é uma forma de organizar, apresentar e gerenciar informações, de modo que todos, desde um novo colaborador até um gestor veterano, possam compreender e operar um processo de forma correta, segura e eficiente.

A gestão visual serve a múltiplos propósitos nos processos:

- **Comunicação:** em qualquer processo, é esperado que todos os envolvidos compreendam suas responsabilidades, as etapas, os *inputs* e os *outputs*. A gestão visual ajuda a apresentar essas informações de forma clara e direta;

- **Redução de erros:** ao tornar os processos visuais, reduzimos a ambiguidade. Por exemplo, em uma linha de montagem, sinais visuais podem indicar onde cada componente deve ser colocado, minimizando o risco de erros;

- **Eficiência:** quando os processos são visualmente claros, os colaboradores passam menos tempo procurando informações, ferramentas ou instruções. Isso significa menos atrasos e maior produtividade;

- **Monitoramento e controle:** em um ambiente de processos, é vital ter métricas e indicadores de desempenho. A gestão visual pode ajudar a apresentar essas métricas de forma que todos possam monitorar e responder rapidamente a desvios;

- **Padronização:** a gestão visual torna mais fácil estabelecer e manter padrões em todos os níveis de um processo;

- **Engajamento e cultura:** a gestão visual favorece uma cultura em que todos se sentem parte do processo e entendem seu papel nele.

Além de otimizar o desempenho e minimizar erros, a gestão visual engloba o *design* inteligente de espaços de trabalho, a utilização de cores para indicar estados ou prioridades e o desenvolvimento de dispositivos e ferramentas que facilitam a compreensão imediata do status de cada atividade. Isso torna os fluxos, responsabilidades e resultados mais tangíveis e compreensíveis para todos, resultando em melhorias contínuas, colaboração mais eficaz e, também, em processos mais sustentáveis.

A LINGUAGEM SILENCIOSA

"A visualidade do local de trabalho é uma linguagem precisa, abrangente e prática. Essa linguagem são os detalhes de seus sistemas operacionais, incorporados à paisagem física do trabalho como dispositivos visuais e minissistemas visuais."
Gwendolyn D. Galsworth

A escritora Gwendolyn D. Galsworth é uma autoridade no campo da gestão visual. Sua obra demonstra a importância de tornar o local de trabalho autoexplicativo, autorregulamentado e autogerenciado.

A autora destaca que a gestão visual não se limita a painéis ou indicadores, mas se propõe a criar um ambiente onde a informação é tão parte dele quanto os itens que ali estão. Os dispositivos visuais devem comunicar de forma clara e imediata, permitindo que as pessoas entendam o que precisa ser feito, quem é responsável, por que e como os processos estão sendo desempenhados — tudo à primeira vista.

A gestão visual é o idioma universal do local de trabalho e precisa ser clara e compreensível para todos, independentemente da função. Isso torna a abstração concreta e o invisível visível.

A gestão visual, portanto, é a voz do ambiente de trabalho e permite que ele fale por si mesmo. Isso cria um ciclo de *feedback* contínuo no qual os problemas são identificados em tempo real, favorecendo a melhoria contínua e a excelência.

Além de tudo isso, cria um ambiente em que a responsabilidade é compartilhada e cada membro da equipe tem as informações de que precisa para contribuir com os objetivos da organização.

VISUALIZAÇÃO DOS PROBLEMAS

Tomar conhecimento precocemente dos problemas é um catalisador para a inovação, eficiência e colaboração. A gestão visual favorece essa comunicação, ajudando a tornar visíveis problemas que os KPIs financeiros somente indicarão a médio e longo prazo. Os processos e o ambiente devem se formatar de forma que os problemas sejam denunciados pelo próprio processo sempre que possível. Vejamos como a gestão visual ajudou a resolver um problema recorrente de acúmulo de faturamento ao final do mês, impactando o fluxo de caixa:

Identificamos num cliente que certas ordens de serviço necessitavam da intervenção gerencial, para aprovar descontos ou corrigir erros. Elas, porém, ficavam paradas esperando essa ação, sendo lembradas apenas no fim do mês para cumprir metas. A solução foi a introdução de duas bandejas na mesa do atendente: uma verde para as ordens regulares e uma vermelha para as que exigiam atenção gerencial. Esse método simples transformou o processo, facilitando a identificação e a resolução imediata dos problemas, mantendo o fluxo de trabalho e melhorando a eficiência e colaboração entre as equipes.

Um ambiente visual traz muitas vantagens:

- **Identificação rápida:** uma das primeiras vantagens da visualização é que ela facilita a identificação imediata de problemas. Quando um problema é visível, ele não se perde em meio à complexidade dos processos de negócios. Ao contrário de ser detectado muito tarde, quando pode ter se tornado um grande obstáculo, ele é reconhecido e abordado prontamente;

- **Promoção da responsabilidade:** ambientes visuais claros criam uma atmosfera de responsabilidade. Quando um problema é visivelmente associado a uma etapa específica de um processo ou a um indivíduo específico, há uma clara responsabilidade para abordar e resolver o problema;

- **Redução de ambiguidades:** em muitos ambientes de negócios, os desafios surgem da falta de clareza. Ao visualizar problemas e processos, as organizações podem eliminar ambiguidades, tornando mais claras as expectativas e os padrões;

- **Fomento à cultura de melhoria contínua:** ao tornar os problemas visíveis, as empresas promovem uma cultura em que a solução e a melhoria contínua são centrais. Os membros da equipe não veem os problemas como falhas pessoais, mas como oportunidades para aprimoramento;

- **Aumento de engajamento dos funcionários:** a visualização permite que todos na organização, independentemente de sua posição, vejam e entendam os problemas. Isso promove uma compreensão mais profunda do funcionamento interno dos processos de negócios e aumenta o envolvimento dos funcionários, já que eles podem ver diretamente como seu trabalho impacta o resultado geral;

- **Tomada de decisão baseada em dados:** em ambientes em que os problemas são claramente visualizados, a tomada de decisão é frequentemente baseada em dados concretos e não apenas em intuição. Isso leva a decisões mais informadas e a ações mais eficazes.

SUSTENTANDO OS PROCESSOS

A gestão visual tem forte papel no fortalecimento e na sustentabilidade dos processos de negócios. Ela garante que as operações sejam transparentes e que as organizações monitorizem constantemente o próprio desempenho.

A visualização dos processos também garante sua padronização e consistência. Quando os procedimentos são claramente visíveis e entendidos por todos, eles tendem a ser seguidos de forma mais uniforme em toda a organização. Isso reduz variações, erros e ineficiências, contribuindo para processos de negócios mais sustentáveis. Adicionalmente, a clareza proporcionada pela gestão visual facilita o treinamento e a integração de novos membros da equipe, acelerando seu tempo de adaptação e garantindo que estejam em sintonia com os padrões organizacionais desde o início.

Um benefício adicional da gestão visual é o estímulo a uma cultura de melhoria contínua. Tornando visíveis os pontos fortes e fracos de um processo, as empresas incentivam a constante revisão e otimização.

A gestão visual também desempenha um papel essencial na promoção da comunicação entre diferentes departamentos ou funções. Ao visualizar processos que se estendem por várias equipes, silos organizacionais são quebrados e uma comunicação mais coesa é incentivada.

FERRAMENTAS

- **Painéis visuais:** oferecem uma visão instantânea do estado de um processo ou sistema, incluindo indicadores de desempenho;
- **Sinalização e etiquetagem:** facilitam a identificação de áreas, equipamentos e materiais, otimizando o fluxo de trabalho;
- **Bordas e limites:** delineiam áreas e espaços de trabalho, contribuindo para a organização, eficiência e segurança;

- **Mapas de processos visuais:** representam o fluxo de trabalho e esclarecem papéis e responsabilidades;

- **Controles visuais:** fornecem *feedback* em tempo real sobre o desempenho ou condição de um sistema;

- **Indicadores de padrão:** estabelecem e comunicam as melhores práticas;

- **Quadros de planejamento visual:** coordenam atividades e recursos, mantendo todos na mesma página;

Totem de gestão da LEAN DEALERS Consultoria.

- **Códigos de cores:** são utilizados para destacar informações, categorizar itens e sinalizar estados ou condições;

- **Miniaturas e ícones:** compactam informações de forma intuitiva;

- **Dispositivos de autocontrole:** permitem o monitoramento e o controle da qualidade do trabalho pelos próprios trabalhadores;

- **Kanban*:** visualiza o fluxo de trabalho e ajuda a identificar gargalos e áreas de acúmulo;
- **Mapas de fluxo de valor:** oferecem uma visão panorâmica de todo o processo ou sistema;
- **5S**:** promovem organização, eficiência e segurança;
- **Indicadores visuais:** de adesivos coloridos a painéis eletrônicos detalhados, facilitam a rápida avaliação do progresso e desempenho;
- **Post-its e quadros brancos:** são úteis para *brainstorming* e planejamento, permitindo uma rápida visualização de ideias, tarefas ou problemas;
- **Softwares de gestão visual:** facilitam a colaboração em tempo real entre equipes, independentemente da localização.

Em empresas mais experientes na gestão de processos e com equipes mais maduras, há um local específico para "parar para melhorar". Denominamos esse local de "Sala I.M.P.R.O.V.E.".

A SALA I.M.P.R.O.V.E.

Originária do sistema *Lean* de gestão e inspirada na *obeya* ("sala grande", em japonês), a sala I.M.P.R.O.V.E. é uma manifestação física e dinâmica da gestão visual em um espaço dedicado que se transforma em uma central estratégica de operações onde a transparência e a comunicação são elevadas a um patamar superior.

---

* Kanban: Sistema de gestão visual que auxilia no controle do fluxo de trabalho. Utiliza cartões ou sinais para representar as tarefas em diferentes estágios de um processo, identificando gargalos e melhorando a eficiência. Originário da Toyota, é aplicado para otimizar a produção e a entrega de trabalho.

** 5S: Metodologia japonesa focada em organização e eficiência no ambiente de trabalho. Consiste em cinco passos: Seiri (selecionar), Seiton (ordenar), Seiso (limpar), Seiketsu (padronizar) e Shitsuke (manter). Visa reduzir desperdícios e melhorar a produtividade através da manutenção de um ambiente organizado.

Nesse lugar, as paredes são painéis vivos de informação. Cada elemento visual — gráfico, quadro, *post-its* ou relatório — é posicionado para refletir objetivos, progresso e desafios. Todos ali estarão alinhados com os objetivos comuns, fomentando uma atmosfera de colaboração e cooperação ativas.

Além disso, a sala I.M.P.R.O.V.E. quebra as barreiras tradicionais entre departamentos. Ao reunir líderes, gerentes e equipes em um único ambiente colaborativo, silos organizacionais são demolidos, promovendo uma comunicação mais integrada e eficaz, essencial para a agilidade requerida nos negócios. As informações compartilhadas nesse ambiente estimulam uma compreensão mais profunda dos processos interdepartamentais e incentivam uma abordagem holística para solucionar desafios.

Essa sala deve ser organizada de forma circular ou sequencial, permitindo que uma equipe passe naturalmente de uma fase para a outra, incentivando a colaboração e o diálogo contínuos. Essa disposição permite que qualquer pessoa, incluindo aqueles não diretamente envolvidos no projeto, possa entrar na sala e compreender rapidamente o status do projeto e o que está sendo feito.

Cada parede da sala pode ser um estágio da jornada I.M.P.R.O.V.E., refletindo o fluxo melhoria.

Na área I. estarão os dados da Investigação, como gráficos, análises, depoimentos, fotos e tudo mais que ajude a entender o contexto onde se desenvolve o processo e nascem os problemas.

Na área M. se executa o mapeamento do estado atual e do futuro.

A P.R.O. revelará no que as equipes estão trabalhando: os planos de ação, o cronograma do projeto, as tarefas em andamento, com destaque para problemas ou gargalos. Esse espaço se destina ao planejamento e à execução das melhorias.

A região V.E. mostrará o trabalho em andamento, identificando, também, quem está fazendo o quê, com destaque para problemas ou gargalos. Esse espaço é para análise das questões operacionais e deve refletir o progresso das melhorias e a capacidade de aprendizado das equipes e da organização.

Baseado nos dados disponíveis nessas paredes, avalie a eficácia das ações aplicadas. Apresente dados relevantes, seja *feedback* de clientes ou funcionários, lucratividade, qualidade, números de produção, prazos, custos, etc. Garanta a relevância, qualidade e precisão dos dados para facilitar decisões informadas.

Exemplo de sala I.M.P.R.O.V.E.

A criação de uma Sala I.M.P.R.O.V.E. não se resume a apenas montar um cômodo com painéis e iniciar sua utilização. Ela vai surgir naturalmente à medida que práticas como reuniões diárias, análise da cadeia de valor e uso de ferramentas de solução de problemas vão se enraizando na cultura. É com o amadurecimento gradual e da consolidação de hábitos de excelência operacional que o espaço toma forma, refletindo o compromisso dos times com o crescimento e a excelência.

MONITORAMENTO E CONTROLE

Monitoramento e controle dos processos não são temas novos, mas a forma como os abordamos está mudando. Há uma crescente compreensão de que para realmente ter sucesso, precisamos ir além dos números e olhar para os processos e pessoas que os tornam possíveis.

A transformação até esse estágio não é fácil, especialmente em organizações estabelecidas com práticas de comando e controle e gestão por KPIs financeiros estabilizadas. A resistência pode vir de todos os níveis, desde a alta administração até a chefia e os funcionários da linha de frente. Além disso, a sobrecarga de informações e a falta de ferramentas adequadas podem tornar o monitoramento diário uma tarefa desafiadora.

É importante destacar que o caminho para a excelência operacional é linear, um ciclo contínuo de avaliação e melhoria. A visualização é um processo ativo e dinâmico que mantém os padrões de qualidade e eficiência alinhados com as metas estratégicas da organização.

Portanto, a fase de Visualização é um meio de garantir que o progresso não retroceda, que os padrões não se deteriorem e que o foco na melhoria contínua seja mantido. A visualização é o reflexo de uma cultura organizacional que está sempre buscando ser melhor, sempre buscando a excelência. Ela é a evidência visível de que uma organização está viva e em constante evolução.

PRÁTICA I.M.P.R.O.V.E.
VISUALIZAR: O AMBIENTE QUE FALA

Objetivo da fase: implementar uma cultura de visualização e monitoramento contínuo para garantir que os processos permaneçam eficientes, eficazes e alinhados com os objetivos estratégicos da organização. Essa fase enfoca a importância de manter as melhorias alcançadas e identificar novas oportunidades de otimização.

Pontos principais:

- monitoramento contínuo: implementar práticas para o acompanhamento regular e sistemático do desempenho dos processos, comparando-os com padrões pré-definidos para garantir conformidade e identificar desvios;
- ciclo de feedback ágil: estabelecer mecanismos que permitam a rápida identificação de desvios, tanto internos quanto externos, para aprimoramento contínuo dos processos;
- treinamento e desenvolvimento: assegurar que os membros da equipe sejam constantemente treinados e atualizados;
- adoção da sala I.M.P.R.O.V.E.: criar um espaço físico dedicado à discussão e melhoria dos processos.

Como fazer na prática:

- desenvolver sistemas de gestão visual: utilize dashboards, indicadores e sinalizações para visualizar o desempenho dos processos em tempo real e possíveis desvios. Isso inclui KPIs, gráficos de tendência, cores e quadros de avisos que destacam áreas de atenção;

- ajustes ágeis: crie um sistema para capturar e agir sobre o feedback rapidamente. Isso pode incluir reuniões de revisão rápidas, quadros de problemas e plataformas digitais para a coleta de informações;
- realizar Gemba Walks: programe visitas regulares à operação ou áreas onde os processos ocorrem para observação direta e identificação de oportunidades de melhoria.

Ferramentas:
- dashboards e indicadores de desempenho: ferramentas de software que permitem a visualização de dados em tempo real;
- estabelecer a sala I.M.P.R.O.V.E.: designar um espaço físico que funcione como o centro de controle para visualização dos processos, onde todas as informações relevantes são exibidas e atualizadas regularmente. Utilize quadros de gestão à vista, mapas de fluxo de valor e outras ferramentas de visualização para representar o desempenho dos processos e facilitar a identificação de áreas para melhoria;
- 5S: organização e identificação dos setores com base nos 5S.

Dicas úteis:
- mantenha a simplicidade: as ferramentas e práticas de visualização devem ser intuitivas e de fácil compreensão por todos os membros da equipe;
- promova a propriedade e responsabilidade: encoraje cada membro da equipe a se sentir responsável pelo sucesso dos processos e pela busca contínua de melhorias;

- incentive o engajamento e cultura de abertura: cultive uma atmosfera em que todos se sintam confortáveis para compartilhar ideias e feedbacks, reforçando a importância de cada contribuição para o sucesso do processo.

A fase de Visualização reforça a necessidade de uma abordagem proativa e contínua para a gestão e otimização de processos. Ao incorporar essas práticas, as organizações podem assegurar que os processos não apenas atendam às necessidades atuais, mas também sejam adaptáveis e sustentáveis a longo prazo, preparando a organização para responder de maneira eficaz às mudanças e desafios futuros.

Aproveite a fase de Visualização da Jornada I.M.P.R.O.V.E. para adotar a gestão visual. O monitoramento e controle dos processos e do ambiente serão um reflexo da cultura e valores de sua organização. E enquanto as ferramentas e técnicas que usamos para monitorar e controlar podem mudar, os princípios fundamentais permanecem os mesmos: transparência, responsabilidade e uma busca incansável pela excelência, perseguida até a última fase da Jornada I.M.P.R.O.V.E..

EVOLUIR

"Quando uma pessoa ou empresa alcança um nível de excelência, todos a sua volta se beneficiam e são impulsionados a seguir na mesma direção."

Carlos Morassutti

Para garantir que os processos vão entregar o valor esperado e gerar valor para as empresas, a análise dos indicadores e reuniões mensais não são suficientes. Já participamos de provavelmente centenas de "reuniões de resultado". Essas reuniões, ao invés de informar e mostrar desvios onde temos que agir, se transformam em palco de retórica defensiva. Os resultados apresentados, bons ou ruins, são justificados por improvisos, desculpas e explicações mirabolantes. Já ouvimos de tudo quando se trata de explicar resultados ruins: o mercado, a chuva, a seca, as eleições, o carnaval, e tantas outras. É desse repositório de desculpas que saiu a frase: "O ano só começa depois do carnaval." A narrativa se desdobra em *scripts* bastante previsíveis, nos quais os números são menos indicadores de desempenho e mais peças de um quebra-cabeça, cujo objetivo é montar uma história que absolva ou atenue responsabilidades. Outro dia, um gerente disse quando questionado sobre seus números: "Fomos mal, mas liguei na concorrência e eles também estão reclamando...".

Esse modelo reativo de gestão, muitas vezes, deixa os líderes um passo atrás, lutando para entender e responder a eventos que já ocorreram, sem a capacidade de influenciar proativamente o curso dos acontecimentos.

A fase Evoluir, com seu foco na análise e otimização contínua, propõe uma abordagem radicalmente diferente. Para não esperar pelos resultados para só então reagir, os gestores monitoram e ajustam os processos em tempo real, identificando e corrigindo desvios antes que eles se transformem em resultados negativos. Esse nível de atuação melhora a eficiência operacional e confere aos líderes a capacidade de antecipar desafios e oportunidades.

Evoluir é um comportamento da liderança que busca aprimorar a eficácia, a eficiência e a adaptabilidade dos processos de uma organização a fim de otimizar seus resultados e proporcionar uma entrega de valor consistente ao cliente.

A VISÃO DOS PROCESSOS

No centro do conceito de evolução dos processos, está a ideia de que os processos devem ser concebidos e geridos para atender às necessidades e expectativas do cliente. Esse princípio reconhece o cliente como o juiz final do valor, exigindo que as organizações mantenham uma compreensão clara e contínua de suas necessidades.

O líder, então, enxerga os processos e os avalia em sua totalidade, desde o início até o fim, com ajuda das fases anteriores da Jornada I.M.P.R.O.V.E., garantindo que todas as atividades sejam questionadas em relação à sua contribuição para os resultados desejados. Isso elimina a visão fragmentada e os silos, dando uma compreensão mais integrada dos processos.

O princípio de melhoria contínua, base da fase Evoluir, exige que a organização avalie constantemente seus processos em busca de oportunidades de otimização e inovação. É a mentalidade de nunca estar satisfeito com o *status quo* e sempre buscar formas de fazer melhor.

Em uma organização orientada por processos que evoluem constantemente, existe uma clara atribuição de responsabilidade por cada um deles. O "dono do processo" garante que ele seja implementado, sustentado, melhorado e adaptado conforme necessário.

A etapa se inicia ao estabelecer padrões para processos e práticas. Com os padrões, as organizações garantem uma entrega mais consistente e previsível. Isso facilita a identificação de áreas problemáticas e oportunidades de melhoria. O padrão sempre será o ponto de partida para a melhoria, portanto, é necessário que todos os processos tenham um.

A transparência e a visibilidade ajudam a gerir eficazmente os processos, por meio de sistemas e ferramentas que proporcionem uma visão clara e transparente do desempenho, permitindo decisões informadas e ações corretivas rápidas.

A prática de evoluir constantemente assegura que todos os processos da organização estejam alinhados com sua estratégia global e seus objetivos. Isso garante que os recursos sejam alocados de forma eficaz e que a organização como um todo esteja se movendo na direção certa.

O GESTOR POR PROCESSOS

A gestão por processos se estabelece como um modelo de liderança, em que os líderes assumem um papel central na definição, orientação e sustentação dos processos. Eles, como portadores da visão organizacional, estabelecem a direção e os objetivos estratégicos. Essa visão, ligada à gestão por processos, coloca em destaque a necessidade de processos otimizados, todos voltados para entregar valor máximo valor ao cliente.

A visão, no entanto, só se materializa em uma cultura robusta. Os líderes têm a missão de promover na organização uma cultura que respire essa mentalidade de processos, uma cultura que promova a colaboração, acolha a inovação e empodere cada membro da equipe, incentivando-o a contribuir para a evolução contínua dos processos.

Por reconhecer que a diversidade é a verdadeira riqueza de uma organização, os líderes garantem que cada indivíduo, independentemente de sua posição, se sinta valorizado e respeitado. Em um ambiente seguro e propício à inovação, os erros são vistos como oportunidades de aprendizado, e a experimentação é encorajada. Essa prática reforça a visão de melhoria contínua, incentivando uma busca incessante por aperfeiçoamento em todos os níveis.

Os líderes também reconhecem a importância da tomada de decisão baseada em informações. Eles promovem uma abordagem analítica, assegurando que cada decisão seja fundamentada em dados e fatos precisos e atualizados.

PROCESSOS ÁGEIS E ADAPTATIVOS

Como o nome sugere, processos ágeis são projetados com flexibilidade em mente. São moldados para responder rapidamente a qualquer mudança, permitindo revisões frequentes e ajustes. Essa natureza é alimentada por um ciclo contínuo de *feedback* e aprendizado.

Processos rígidos e imutáveis representam um risco para as organizações. Eles podem se tornar rapidamente obsoletos e, às vezes, de execução impossível, resultando em operações ineficientes e oportunidades perdidas. Com processos ágeis e adaptativos, as organizações se mantêm relevantes e otimizadas para o ambiente em que operam.

Dentro desse contexto, a colaboração interfuncional se destaca. Não há isolamento entre departamentos: em vez disso, equipes de diferentes áreas trabalham juntas, garantindo alinhamento, rapidez e, mais importante, inovação. A colaboração estreita permite uma resposta mais rápida às demandas do mercado, levando a um lançamento mais eficaz de produtos ou serviços.

Vale ressaltar que, enquanto os processos continuam a se adaptar e evoluir, é vital que permaneçam alinhados aos objetivos estratégicos e ao propósito.

O GERENCIAMENTO DIÁRIO

É possível ter um único dia em que os processos funcionam sem nenhum problema? Façamos um teste: se reunirmos uma equipe e perguntarmos a eles se está tudo bem, se há algum problema que queiram compartilhar, provavelmente a maioria das pessoas ficarão em silêncio ou responderão que está tudo certo. Se responderem essa pergunta com alguns problemas do dia a dia, parabéns! Deram o primeiro passo para a cultura de melhoria contínua.

> *"O gerenciamento diário é fundamental para garantir o sucesso de qualquer negócio ao permitir que a linha de frente (processos de agregação de valor) e os processos de suporte tenham seu propósito e metas específicas alinhados à definição e ao desdobramento das diretrizes estratégicas."*
> Robson Gouveia e José Roberto Ferro

A ilusão de que não existem problemas esconde armadilhas e faz desperdiçar oportunidades de melhorar. Nesse momento, em algum ponto dos processos de qualquer empresa há um "problema-bomba" ativado que vai explodir daqui a alguns dias, semanas, meses ou anos. Quanto mais demorar para ser descoberto, mais dano causará quando vier à tona.

Em cada empresa que visitamos, investigamos se gerenciam cada dia ou se medem apenas os resultados financeiros, especialmente perto do final do mês.

Monitorar diariamente os processos aproxima a gestão da operação e permite maior integração entre as pessoas da equipe. Também permite entregar uma experiência de cliente melhor, ou seja, com mais qualidade de serviços aos clientes, mantendo os atuais felizes e atraindo novos.

FERRAMENTAS E TÉCNICAS

Há uma variedade de ferramentas e técnicas disponíveis que podem tornar esse processo mais fácil e mais eficaz:

- **Dashboards:** um controle que mostra o ritmo da operação em tempo real. Coleta dados de várias fontes e os apresenta de forma visualmente atraente, permitindo verificar instantaneamente onde estão os problemas e as oportunidades. Importante destacar que os indicadores que interessam ao time são os que mostram seu desempenho em tempo real e sobre os quais as pessoas possam atuar;

- **Checklists operacionais:** o simples é eficaz. *Checklists* operacionais são uma forma simples de fazer com que os processos possam ser executados conforme planejado. Eles atuam como um lembrete para a equipe e fornecem uma forma rápida de verificar se tudo está indo conforme o planejado. Mas há de destacar que sem disciplina e acompanhamento, *checklists* não são eficazes;

- **Reuniões de acompanhamento diário:** têm grande poder, permitem que a equipe compartilhe atualizações, identifique problemas e discuta soluções em um ambiente colaborativo. Elas mantêm todos engajados e focados nos objetivos.

Um ponto de atenção nas reuniões diárias é sobre os temas ali tratados. Em uma visita a uma concessionária de caminhões, na reunião diária, onde todos da operação estão presentes, o gestor gastou boa parte do tempo lendo uma lista de KPIs: "O faturamento de mão de obra está 'X%' abaixo da meta. A meta até hoje é de 'X' e nós estamos com 'Y'; vendemos 'X' litros de óleo, a meta seria 'Y', estamos 'X'% abaixo da meta..." A leitura da lista seguiu por vários minutos, sob o olhar silencioso do time. A pergunta a ser feita é o que essas pessoas poderiam fazer para mudar essa realidade. Se não podem atuar, essa leitura de indicadores não vai ajudar.

Em outra ocasião, tivemos a oportunidade de acompanhar uma reunião diária em que o líder, além de levantar os problemas e informar os KPIs relevantes, ainda nos surpreendeu ao informar que naquele dia teria uma previsão de chuva para a tarde, e como eles teriam um serviço externo, seria melhor reprogramar estas tarefas para a parte da manhã. Reunião diária é sobre resultado imediato.

Em uma reunião diária, deve-se falar da produção de ontem, dos problemas que ocorreram e qual a programação de hoje. Abre-se espaço para as pessoas trazerem os problemas, mas não para discuti-los durante a reunião, que deve ter entre 5 e 10 minutos. Os problemas levantados devem ser tratados posteriormente.

- **Respeito ao indivíduo:** por último, mas definitivamente não menos importante, está a cultura de respeito ao indivíduo, talvez a principal base da liderança nos tempos atuais. O monitoramento diário não trata apenas de números, mas de pessoas. Respeitar as contribuições de cada membro da equipe melhora o moral e incentiva a comunicação aberta e honesta, que é fundamental para qualquer esforço de melhoria contínua.

A PRÁTICA

Implementar o monitoramento diário pode parecer uma ideia distante de acontecer, mas com um plano bem pensado, pode-se tornar esse processo suave e eficaz:

- **Avaliação inicial:** antes de começar, faz-se um inventário dos processos que se deseja monitorar e os KPIs associados a eles. Isso fornece uma base sólida para a estratégia de monitoramento;

- **Escolha das ferramentas:** com base nessa avaliação, são escolhidas as ferramentas que melhor atendem às necessidades de melhoria. Pode ser um *dashboard* em tempo real, *checklists* operacionais ou uma combinação de várias ferramentas;

- **Treinamento da equipe:** toda equipe deve ser treinada nas ferramentas e processos escolhidos. Todos precisam entender a importância do monitoramento diário e como ele contribui para os objetivos gerais da empresa;

- **Implementação gradual:** implementa-se o monitoramento em um ou dois processos e promovem-se os ajustes necessários antes de expandir para outras áreas;

- **Revisão e ajuste:** após um período de implementação, os resultados são avaliados e novos ajustes executados.

DESAFIOS COMUNS

- **Resistência à mudança:** um dos maiores desafios é a resistência à mudança. Superar isso requer comunicação aberta e envolvimento da equipe no processo desde o início;

- **Sobrecarga de informações:** com tantos dados disponíveis, a possibilidade de se perder é grande; a chave é focar nos KPIs mais críticos e usar ferramentas que permitam uma visualização clara e concisa;

- **Falta de envolvimento da liderança:** sem o apoio da liderança, qualquer iniciativa de monitoramento está fadada ao fracasso. Certifique-se de que a alta administração entenda e apoie a importância do monitoramento diário.

O PODER DOS PROBLEMAS

A capacidade de levantar e tratar problemas de forma eficiente e transparente é o que alimenta a Evolução dos processos dentro de uma organização. Não estamos falando sobre simplesmente apontar falhas, mas sim sobre criar uma cultura em que a identificação de problemas se torna o motor para crescimento coletivo e inovação. Nessa cultura, cada membro da equipe é um detetive e ao mesmo tempo um solucionador, atento a quaisquer sinais que possam indicar desvios, e que pode ser, quando devidamente tratado, uma oportunidade de melhoria.

> *"[...] novas soluções que emergem de uma cultura de solução de problemas e melhoria contínua em todos os níveis."*
> Michel Ballé

A liderança é responsável por semear essa cultura, demonstrando uma abertura genuína para receber apontamentos do time e admitir vulnerabilidades. Isso significa celebrar o levantamento de problemas como uma vitória, não um contratempo. Cada problema identificado é um passo a mais na jornada de excelência da empresa.

ESTRATÉGIAS E FERRAMENTAS PARA O LEVANTAMENTO EFETIVO DE PROBLEMAS

- **Quadro de problemas:** um quadro de problemas é um espaço onde qualquer membro da equipe pode indicar os problemas que observou. Nele também são registrados os problemas levantados na reunião diária. O quadro democratiza o processo e incentiva uma cultura em que a melhoria contínua é uma responsabilidade compartilhada. Uma regra importante: nenhum problema levantado pelo time pode ficar sem resposta, sob pena de perda de credibilidade do gestor. Também é preciso ficar atento a nossa tendência de pular para a solução. Nesse quadro, registramos os problemas, não sua possível solução;

- **Matriz de priorização de problemas:** para ajudar a tratar o "problema certo", a matriz de classificação funciona como um sistema de triagem. Com ela, determinamos quais problemas receberão nossa atenção imediata com base em critérios como impacto e urgência. Também ajuda a delegar as ações baseadas em impacto e importância do problema. Há diversas matrizes de priorização;
- **Quadro de tarefas:** uma vez identificados e classificados, os problemas são acompanhados de ações concretas. O quadro de tarefas é onde o progresso de cada ação é monitorado, tornando a resolução de problemas uma atividade tangível e mensurável.

A aplicação dessas ferramentas simples deve ser uma prática contínua que ocorre no ritmo diário do trabalho. Por exemplo, o dia pode começar com uma rápida revisão do quadro de problemas, identificando novos registros e atualizando o status das tarefas em andamento. Enquanto isso, a matriz de classificação pode ser revisada semanalmente para ajustar prioridades e recursos.

A abertura para o levantamento de problemas é um reflexo do respeito que uma organização tem por sua equipe e pelo trabalho que realizam. É um testemunho de que cada voz é importante e cada contribuição é vital para a saúde e o sucesso da empresa.

RESOLUÇÃO PRÁTICA DE PROBLEMAS: ALÉM DOS VIESES COGNITIVOS

O comportamento humano é frequentemente direcionado por vieses cognitivos, padrões de pensamento que ocorrem naturalmente, mas que levam a percepções distorcidas ou a julgamentos imprecisos. Esses vieses afetam nossa capacidade de enfrentar desafios de maneira objetiva, especialmente quando se trata de identificar e resolver problemas dentro de uma organização. Eles nos fazem confiar excessivamente em nossas experiências ou informações limitadas, potencialmente levando a soluções ineficazes.

Para combater esses vieses e melhorar a eficácia na solução de problemas, é necessário o uso de métodos estruturados que orientem nosso pensamento direcionado a resolver os problemas na raiz.

Há diversas ferramentas de resolução de problemas disponíveis, a maioria baseada no ciclo PDCA (*Plan-Do-Check-Act**): este ciclo promove uma abordagem sistemática que começa com o planejamento, seguido da execução, verificação dos resultados e, por fim, a ação para padronizar a solução ou iniciar uma nova interação para melhorias adicionais.

Qualquer método de resolução de problemas é uma ferramenta que facilita o entendimento do contexto, análise da causa, propostas de solução e monitoramentos de resultado.

> *"Um viés cognitivo é erro de julgamento sistemático e previsível que pode acontecer quando processamos e interpretamos informações."*
> **Rian Dutra**

Todos são focados em problemas específicos, a análise, as contramedidas implementadas e o plano de ação, tudo documentado de maneira que facilite a compreensão e a comunicação.

A adoção de um método oficial de resolução de problemas ajuda as organizações a superarem os vieses cognitivos inerentes ao pensamento humano, garantindo uma abordagem mais sistemática, objetiva e eficaz para enfrentar e resolver os desafios. O desenvolvimento e a utilização da ferramenta organizam o pensamento e promovem soluções mais eficazes, além de cultivar uma cultura de melhoria contínua e respeito mútuo, essenciais para o sucesso organizacional a longo prazo.

CULTURA E MENTALIDADE

O jeito de pensar e agir de uma organização é refletido na maneira como ela opera, toma decisões e se adapta às mudanças. A cultura e a mentalidade têm um papel central na determinação de quão eficazmente uma organização pode adotar, implementar, sustentar e evoluir seus processos.

---

* Planejar, fazer, checar e atuar.

Ao contrário de uma cultura tradicional, em que os departamentos e funções operam de forma isolada, uma cultura orientada para a evolução constante dos processos enfatiza a interconexão e interdependência de todas as partes da organização. Ela valoriza a transparência, a colaboração e a comunicação aberta, reconhecendo que o sucesso em um setor beneficia a empresa como um todo.

Adotar uma mentalidade de Evolução constante significa também cultivar uma atitude de melhoria contínua. As organizações que evoluem têm uma forte mentalidade dirigida aos processos e estão sempre buscando maneiras de otimizá-los e de inovar. Isso é alimentado pela curiosidade das pessoas sobre como as coisas podem ser feitas de forma mais eficiente e eficaz.

Em uma cultura de Evolução, os funcionários em todos os níveis são encorajados a tomar iniciativa e assumir a responsabilidade. Isso se baseia na ideia de que aqueles que estão mais próximos dos processos diários estão em uma posição ideal para identificar oportunidades de melhoria. Isso também implica em uma resposta rápida e ágil a desvios ou interrupções, antecipando potenciais riscos ou prejuízos.

A aprendizagem é uma parte inseparável da mentalidade de evolução dos processos. As organizações devem valorizar o *feedback*, tanto interno quanto externo, e usá-lo como fonte de aprendizado e crescimento para as pessoas. Dessa forma, erros e falhas são transformados em reais oportunidades de crescimento.

PRÁTICA I.M.P.R.O.V.E.
EVOLUIR: A MELHORIA CONTÍNUA VIVA

Objetivo da fase:
Aprimorar a gestão organizacional com ênfase em análise contínua, otimização dos processos e implementação de uma cultura que valorize a gestão diária e o tratamento estruturado de problemas, visando à entrega de valor excepcional ao cliente.

Pontos principais:
- gestão por processos: adotar uma abordagem centrada nos processos para a gestão, garantindo eficácia, eficiência e adaptabilidade;
- gestão diária: implementar práticas de gestão diária para identificar e resolver problemas rapidamente, prevenindo desvios significativos nos processos;
- tratamento estruturado de problemas: utilizar métodos sistemáticos para identificar a raiz dos problemas e implementar soluções duradouras, promovendo a melhoria contínua.

Como fazer na prática:
- desenvolvimento de processos orientados ao cliente: assegure-se de que todos os processos sejam desenhados e executados com foco nas necessidades e expectativas do cliente;
- implementação de rotinas de gestão diária: estabeleça rotinas que permitam o monitoramento, a revisão e o ajuste contínuo dos processos, incluindo reuniões diárias de alinhamento e quadros de gestão à vista;

- aplicação de métodos de resolução de problemas: adote ferramentas como PDCA ou A3 para estruturar a análise e resolução de problemas, garantindo a identificação e eliminação das causas raízes;
- capacitação contínua: forneça treinamento e recursos para que a equipe desenvolva habilidades em gestão por processos, liderança e solução de problemas;
- promoção de uma cultura de transparência e colaboração: encoraje a partilha aberta de informações, feedback e ideias inovadoras, fortalecendo a colaboração e o comprometimento de todos com os objetivos organizacionais.

Ferramentas:
- ferramentas de gestão visual: quadros de KPIs, dashboards digitais e sistemas de sinalização para facilitar o acompanhamento e a comunicação dos processos e desempenho;
- técnicas de análise de problemas: métodos estruturados como 5 Porquês, Diagrama de Ishikawa e análise de Pareto para investigar e resolver problemas de forma efetiva.

Dicas úteis:
- assuma uma liderança ativa: líderes devem demonstrar compromisso com a gestão por processos e a resolução de problemas, servindo como modelo para a equipe;
- mantenha o foco na raiz dos problemas: evitar soluções paliativas, concentrando-se em entender e resolver as causas fundamentais dos problemas;
- promova feedback e ajustes constantes: utilize o feedback da equipe e dos clientes para fazer ajustes contínuos nos processos, melhorando constantemente a entrega de valor;

- demonstre reconhecimento e promova a motivação: valorize e reconheça as contribuições individuais e coletivas para a melhoria dos processos, incentivando uma cultura de responsabilidade compartilhada.

Incorporando esses elementos na fase "Evoluir", a organização fortalece sua capacidade de antecipar mudanças, responder de forma ágil a desafios e sustentar melhorias a longo prazo, promovendo uma cultura de excelência operacional e inovação contínua.

A cultura de Evolução é a estrutura que sustenta todas as outras técnicas, ferramentas e estratégias da Jornada I.M.P.R.O.V.E., garantindo que a organização adote essa abordagem e a incorpore em seu DNA. É uma transformação que ocorre de dentro para fora, começando com a mentalidade dos indivíduos e se espalhando por toda a organização em forma de cultura.

EM SÍNTESE

A CULTURA I.M.P.R.O.V.E.

É importante refletir sobre o que realmente significa para uma empresa implementar uma cultura I.M.P.R.O.V.E. de gestão. Na prática, é uma transformação que vai ao núcleo de como uma organização opera, comunica e valoriza a transparência e a eficiência.

Embarcar na Jornada I.M.P.R.O.V.E. significa tornar visíveis os detalhes que, muitas vezes, são perdidos na agitação do dia a dia empresarial. Essa clareza tem implicações profundas para a eficiência, para a colaboração e até mesmo para o bem-estar das pessoas. Quando os passos propostos são seguidos, as barreiras à compreensão são reduzidas, permitindo que todos, em todos os níveis hierárquicos, tenham uma compreensão clara e imediata dos objetivos, riscos, desafios e progressos da empresa.

No entanto, essa transformação não ocorre automaticamente; ela requer liderança consciente e engajada. Os líderes não são apenas os implementadores, eles são também os modelos que definem como essa abordagem será adotada e valorizada dentro da organização. Trata-se de demonstrar, com ações e decisões, que a transparência, a colaboração e a eficiência são valores fundamentais para a empresa.

Os líderes também têm o papel de ser os facilitadores da mudança, preparando a equipe para essa nova forma de operar. Isso envolve treinamento, mas também ouvir ativamente as ideias e sugestões dos membros da equipe. Afinal, qualquer metodologia é mais eficaz quando é adaptada às necessidades e aos desafios específicos de uma organização, e ninguém conhece esses detalhes melhor do que as pessoas que lidam com eles todos os dias.

A adoção de uma cultura I.M.P.R.O.V.E. é um processo contínuo de aprendizado, adaptação e refinamento. E oferece recompensas significativas: empresas mais eficientes, riscos mais bem gerenciados, equipes mais engajadas e líderes mais eficazes. E talvez o mais importante seja que essa abordagem nos convida a ver nossas organizações sob uma nova luz, revelando possibilidades e potenciais que sempre estiveram lá, esperando para serem descobertos.

A evolução de um modelo de gestão tradicional para a gestão I.M.P.R.O.V.E. é, sem dúvida, uma jornada repleta de desafios. Mudar paradigmas enraizados, quebrar silos organizacionais e promover uma mentalidade focada em processos elaborados a partir do propósito e focado nas pessoas que os executam requer esforço, dedicação e, acima de tudo, uma visão clara do futuro desejado.

> *"As armadilhas gerais, como o pensamento em silos, o conflito nos KPIs e a falta de senso de urgência para mudar sempre farão parte da jornada. Entretanto, o foco na melhoria contínua indicará o caminho a se seguir."*
> Leandro Bacellar Mello

No entanto, os desafios dessa mudança são amplamente compensados pelos benefícios que a Jornada traz. As organizações tornam-se mais ágeis, adaptáveis e preparadas para responder às constantes mudanças do mercado. A eficiência operacional é aprimorada, os recursos são otimizados e, mais importante, cria-se uma cultura de melhoria contínua, em que cada processo é constantemente avaliado e ajustado para garantir a máxima eficácia.

Para os clientes, essa transição se traduz em produtos e serviços de melhor qualidade, entregues de maneira mais rápida e eficiente. Eles se beneficiam de interações mais suaves e soluções mais alinhadas às suas necessidades, fortalecendo a relação e fidelidade à marca.

Já para as pessoas dentro da organização, a Jornada I.M.P.R.O.V.E. oferece uma abordagem mais colaborativa e integrada ao trabalho. Isso melhora a satisfação no trabalho e promove o desenvolvimento profissional à medida que os indivíduos aprendem a pensar de maneira mais holística e orientada a pessoas e processos.

E, finalmente, para a organização como um todo, a Jornada se traduz em melhores resultados. Seja em termos de lucratividade, crescimento ou inovação, uma abordagem focada em pessoas e processos garante que a organização esteja sempre se movendo na direção certa, otimizando recursos e capitalizando oportunidades.

A Jornada I.M.P.R.O.V.E. é uma filosofia que coloca o cliente no foco e a interação das pessoas com o processo como base de tudo. E, ainda que a jornada para sua adoção total possa ser desafiadora, os benefícios a longo prazo para clientes, colaboradores e *stakeholders* tornam essa mudança essencial para o sucesso contínuo.

Portanto, ao encerrarmos este livro, fica o convite para embarcar nessa jornada transformadora, com a certeza de que a gestão por processos é uma filosofia de trabalho que ajuda na forma de enxergar e interagir com o mundo, colocando as pessoas e os processos no centro de tudo. E é essa centralidade que nos guiará, com segurança e confiança, em direção a um futuro marcado pela excelência, inovação e sucesso contínuo.

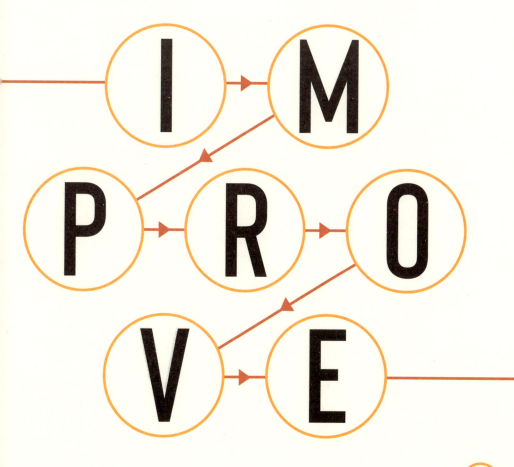

REFERÊNCIAS BIBLIOGRÁFICAS

BALLÉ, Michel. [et al]. *Estratégia Lean: para criar vantagem competitiva, inovar e produzir com crescimento sustentável.* Porto Alegre, Bookman, 2019.

BRUNT, David C e KIFF, John S. *Creating Lean Dealers: The Lean route to satisfied customers, productive employees and profitable retailers.* Herefordshire: Lean Enterprise Academy, 2007.

CLEAR, James. *Hábitos atômicos: um método fácil e comprovado de criar bons hábitos e se livrar dos maus.* Rio de Janeiro: Alta Books, 2019.

DEGRANDIS, Dominica. *Making Work Visible: Exposing Time Theft to Optimize Work & Flow.* Portland: IT Revolution Press, 2017.

DE SORDI, José Osvaldo. *Gestão por processos: uma abordagem da moderna administração.* São Paulo: Saraiva, 2012.

DOBELLI, Rolf. *A arte de pensar claramente: como evitar as armadilhas do pensamento e tomar decisões de forma mais eficaz.* Rio de Janeiro: Objetiva, 2014.

DOERR, John. *Avalie o que importa: Como o Google, Bono Vox e a Fundação Gates sacudiram o mundo com OKRs.* Rio de Janeiro: Alta Books, 2019.

DRUCKER, Peter F., *Managing for Business Effectiveness.* Disponível em: <https://hbr.org/1963/05/managing-for-business-effectiveness>. Acesso em: 31 Mar. 2024.

DRUCKER, Peter F., *O melhor de Peter Drucker: Obra completa.* São Paulo: Nobel, 2002.

DRUCKER, Peter F., Artigo para o The Wall Street Journal em 28 de março de 1991.

DUHIGG, Charles. *Supercomunicadores: como desbloquear a linguagem secreta da comunicação*, Objetiva, 2024.

DUMSER, Johann. *El mapa del flujo de valor: Los secretos de la herramienta clave del Lean Manufacturing*. Madrid: 50Minutos, 2017.

DUTRA, Rian. *Enviesados: Psicologia e vieses cognitivos no design*. Três Rios, Clube de Autores, 2022.

EYAL, Nir, *Hooked: como construir produtos e serviços formadores de hábitos*. Cascavel: AlfaCom, 2020.

FLINCHBAUGH, Jamie. *A3 Problem Solving: Applying Lean Thinking*. Lean Learning Center: Birmingham, 2012.

GALSWORTH, Gwendolyn D. *Visual Workplace Visual Thinking: Creating Enterprise Excellence Through the Technologies of the Visual Workplace*. Boca Raton: Taylor & Francis, 2017.

GOLDRATT, Eliyahu M., *A meta: um processo de melhoria contínua*. São Paulo: Nobel, 2002.

GOUVEIA, Robson e FERRO, José Roberto. *Gerenciamento Diário para executar a estratégia: Resolvendo problemas e desenvolvendo pessoas todos os dias*. São Paulo, Lean Institute Brasil, 2021.

JENNINGS, Jason. *Menos é mais – os segredos da produtividade: o que as empresas vencedoras fazem de diferente*. Rio de Janeiro, Campus, 2003.

KAPLAN, Robert S; NORTON, DAVID P. *A execução premium: a obtenção de vantagem competitiva através do vínculo da estratégia com as operações do negócio*. Rio de Janeiro: Elsevier, 2008.

KOFMAN, Fred. *Liderança & propósito*. Rio de Janeiro: HarperCollins, 2018.

MELLO, Leandro Bacellar. *Challenges and opportunities at customer experience programs*. Disponível em: <https://bit.ly/4cYnFKY>. Acesso em: 22 Mai 2020.

MORASSUTTI, Carlos. *O lado humano do sucesso*. São Paulo: Alaúde Editorial, 2012.

OHNO, Taiichi. *Evolution of Toyota Production System*. Japão, 1973.

PORTER, Michael E. *Vantagem competitiva: criando e sustentando um desempenho superior*. 13. ed. Rio de Janeiro: Campos, 1989.

ROTHER, Mike. *Toyota Kata: gerenciamento de pessoas para melhoria, adaptabilidade e resultados excepcionais*. Porto Alegre: Bookman, 2010.

ROTHER, Mike; John Shook. *Aprendendo a enxergar*, Lean Institute Brasil, 2013.

SEDDON, John. *Freedom from Command and Control: Rethinking Management for Lean Service*. New York: Productivity Press, 2005.

SINEK, Simon. *Comece pelo porquê: como grandes líderes inspiram pessoas e equipes a agir*. Rio de Janeiro: Sextante, 2018.

SLOTOCITCH, Harold D. e KEEPS, Erika. *Informar não é treinamento: porque o treinamento fracassa?* Rio de Janeiro: Qualitymark Editora, 2019.

VISSER, Sharon. *Lean House For Dragons*. Lean Global Network, 2021.

WOMACK, Jim - *Caminhadas pelo Gemba - Gemba Walks*. Lean Institute Brasil: São Paulo, 2011.

XAVIER, Carlos Magno da Silva. *Gerenciamento de projetos: como definir e controlar o escopo do projeto*. São Paulo: Saraiva, 2009.